Franziska Krattinger

Erfolgsrezepte

Greife nach den Sternen,
wenn du wachsen willst!

DEIN WILLE · DEIN WEG · DEIN ZIEL

SILBERSCHNUR

ISBN 3-89845-054-6

1. Auflage 2003

Cover & Satz: XPresentation, Boppard
Druck: XPresentation, Boppard

Verlag »Die Silberschnur« GmbH · Steinstraße 1
D-56593 Güllesheim

www.silberschnur.de
e-mail: info@silberschnur.de

Franziska Krattinger

Erfolgsrezepte

09/04

Liebe Papa!

Hier nun Dein wohl-
verdientes + nachträgliches
Geburtstagsgeschenk!...
Den richtigen Zeitpunkt zum
richtigen Geschenk kann man
sich eben auch nicht wirklich
selbst aussuchen!...

Alles alles Liebe und
ganz viel Freude in
Deinem Leben!

Dicker Kuss!

Deine
Susanne

Dieser Wegweiser ist allen Menschen gewidmet, die bereit sind, die Verantwortung für alles, was in ihrem Leben geschieht, zu übernehmen, und die in ihrem Leben weiterkommen wollen.

Ganz besonders widme ich dieses kleine Buch allen Menschen, die mir auf dem Weg zum Ziel begegnet sind. Ihnen gebührt großer Dank, da sie mein Leben mit ihrem Sein reicher gemacht haben. Menschen, die sich bewusste Ziele setzen, tragen im Wesentlichen zur Veränderung unserer Welt bei.

Inhaltsverzeichnis

»Die Ehre an dir ist die Aufmerksamkeit von mir!
... So wird die Aufmerksamkeit an dir zur Ehre an mir!«

Ich ehre dich, wenn ich dich wahrnehme.
Ich ehre dich, wenn ich dich verstehe.
Ich ehre dich, wenn ich dich liebe.
Ich ehre dich, weil du der andere Teil von mir bist.

*Es fragt sich, ob persönlicher Ehr***geiz** *notwendig ist!*

Ehrlichkeit ist Achtsamkeit. Durch die Ehrlichkeit gegenüber sich selbst erkennt der Mensch seine Wahrheit. Er erkennt, was er ist und was er wahrhaftig fühlt. Nur durch die Anerkennung dessen, was ist, kann ein Mensch sein Leben wahrhaftig ändern.

Vorwort

Jeder Mensch hat Ziele, jedoch sind diese meist unbewusst. Man will »etwas« und weiß dennoch nicht, was dieses »Etwas« ist. Eine bewusste Zielsetzung bringt Ruhe und Sicherheit ins Leben. Erreicht man ein bewusst gestecktes Ziel, so kann dieser Sieg gefeiert und genossen werden. Unbewusster Zieldrang lässt Menschen oft über das Ziel hinausschießen. Durch eine klare Zielsetzung wird das Leben klar und übersichtlich. Ohne Ziel verirren sich die Menschen im alltäglichen Sein. Sie kommen nirgendwo hin und bleiben stehen. Dies wiederum löst ein Gefühl des Versagens aus. Das Leben drängt weiter. Ohne Ziel bleibt man in den Gewohnheiten gefangen. Ja, sie werden nicht einmal bewusst.

Durch eine grundlegende Zielsetzung verändert sich das Leben in seinen Grundsätzen. Unser Innerstes ist das grundsätzliche Bewusstsein unserer Seele und unseres Geistes. Was liegt einem glücklichen Leben zu Grunde? Es ist die innere Sicherheit und Zuversicht. Sobald ein Mensch ein Ziel hat, wird sich der Weg zum Ziel ergeben.

Auf dieser Welt sind Wege entstanden, die durch das Zielstreben geschaffen worden sind. Man will auf einen Berg steigen und schon beginnt sich ein Weg dahin anzubahnen. Wo ein Wille ist, ist auch ein Weg.

Dieses kleine Buch weist den Weg zu grundlegend neuen Zielen und Wünschen, die in jedem Menschen natürlich verankert sind. Doch in der heutigen Zivilisation haben viele Menschen die Orientierung verloren. Die einfachsten Dinge fallen schwer. Menschen werden erzogen, kompliziert zu denken. Doch das wahre Glück ist so einfach. Das Gute liegt so nah! Menschen suchen zu weit weg. Dabei liegt eigentlich alles direkt vor ihren Augen. Goethe hat gesagt: »Das Schwerste zu erkennen, ist das, was vor den Augen dir liegt!« Dieses Büchlein soll Ideen und Sichtweisen zum wahren Glück auf einfache Art deutlich machen. Befolgen Sie – nachdem Sie sich selbst Gedanken darüber gemacht haben – die Anregungen in diesem Büchlein, so werden Sie sicher Leichtigkeit und Wunder erleben. Geben Sie sich eine Chance!

Jeder ist ein Sieger! Er muss es nur ernsthaft und ohne Zweifel wollen!

Viel Spaß bei den vielen Siegerehrungen!

Der eigene Wille

»Ich will...« ist die geistige Vorstellung eines Zieles. Das Bestreben, etwas Bestimmtes zu wollen, verändert das Leben. Der Wille lenkt die Aufmerksamkeit auf einen bestimmten Punkt. Der Wille ist eine Art geistiger Reflex, der in jedem Menschen verankert ist. Ja, man kann sagen, dass in jedem Lebewesen der Wille, etwas Bestimmtes zu erreichen, verankert ist. Der Wille ist das höchste Gut im Kosmos, weil er das Leben steuert.

Große und kleine Ziele

Ziele sind zu jeder Zeit wichtig. Ziele entstehen mehr oder weniger bewusst aus dem natürlichen Wunsch zur Veränderung. Ziele be**weg**en das Leben der Menschen, ja aller Lebewesen. Ihr Da-Sein ist bereits aus einer ursprünglichen Zielsetzung hervorgegangen. Man ist, was man ist, und nun will, muss, kann man sich weiterentwickeln. Das Leben ist eine Herausforderung und es verlangt nach Zielen, da Leben immer in Bewegung ist. Jeder Mensch lebt tagtäglich nach unbewussten Zielen. Unbewusste Ziele sind z. B. Körperziele (schlafen legen, aufstehen, essen usw.). Das Ziel zu überleben »zwingt« zu bestimmten Taten. Für viele Menschen ist der Weg wichtiger, als das Ziel. Ja, sie bleiben irgendwo auf ihrem Weg hängen und verlieren ihre Orientierung. Somit kommen sie nirgendwo richtig an, also kommen sie niemals zur Ruhe. Sie setzen sich Ziele und können ihr Da-Sein niemals genießen, weil sie sich so stark mit dem Weg befassen. Setzt sich ein Mensch ein klares, bewusstes Ziel, so kann er sich zeitlich orientieren und er kann den Weg zum Ziel abschätzen. Die eigene Einschätzung wird zum Motivator des Weitermachens. Die natürlichen Geschehnisse im Umfeld bestimmen das Tun maßgeblich mit. Das Leben vieler Menschen wird durch äußere Ereignisse bestimmt. Das Leben verlangt vom Menschen gewisse Taten. Man muss tun, obwohl kein Bewusstsein da ist. Das Leben verschafft Ziele und verlangt Ziele. Es gibt viele Menschen, die gezwungen werden, Ziele zu haben. Dies ist z. B. bei Krankheit der Fall. Das Ziel, wieder gesund zu werden, wird zur Aufgabe. Man muss viel unternehmen, ohne dass man wirklich die Garantie hat, das Ziel zu erreichen. Sehr häufig erreichen die Menschen ihr Ziel nicht, da sie auf dem Weg kraftlos »liegen« bleiben, weil sie ihre Lebensenergie sinnlos verschwendet haben. Sie warten und warten und denken, sie könnten sich dem Zielstreben anderer anschließen. In vielen Partnerschaften gibt ein Teil seine Bestimmung auf und folgt der Bestimmung des Partners. Somit ist man nicht mehr fähig, einen eigenen Weg zu haben. Oder man hat Kinder, weil man selbst nicht weiß, was man mit seinem Leben machen soll. Kinder weisen den Weg und bestimmen lange Zeit indirekt die Ziele ihrer Eltern.

Weiß ein Mensch wirklich, was er will, so wird er einen klaren Weg gehen können. Am Anfang scheint der Weg lang zu sein, doch je länger der Mensch seinem Ziel entgegenstrebt, umso leichter wird der Weg sein. Der Anfang scheint so schwer. Jeder Neubeginn verlangt oft eine Selbstüberwindung. Bewusstsein macht jeden Anfang leichter. Mitmenschen begünstigen oder erschweren die Zielstrebigkeit. Es braucht Mut und Durchhaltewillen, das angestrebte Ziel nicht aus den Augen zu verlieren und den eingeschlagenen Weg nicht zu verlassen.

Warum sich Menschen anziehen und begegnen

Anziehung - Entsprechung - Beziehung - Artenvielfalt

Jeder Mensch hat eine eigene, ganz individuelle Schwingungsfrequenz. Die persönliche Schwingung entsteht aus den jeweiligen Gedanken und Gefühlen. Ändert ein Mensch seine Gedanken, verändern sich auch seine Gefühle und somit auch seine energetische Ausstrahlung. Nichts und niemand ist gleich! Es gibt in Wirklichkeit nur Ähnlichkeiten. Ähnliche Dinge schwingen in der gleichen Frequenz, in der gleichen Tonlage, in der gleichen Wellenlänge. Ähnliches ist verwandt. Verwandtes befindet sich nebeneinander. Die gleiche Frequenz haben, also gleich schwingend sein, führt zur Gleichartigkeit.

- **Gleich*art*iges zieht sich an.**
- **Gleichartigkeit führt zur Gruppierung.**
- **Gruppierung führt zu verstärktem Bewusstsein (Massenbewusstsein / Mentalität).**
- **Das verstärkte Bewusstsein führt zu Bewusst*heit*.**
- **Bewusstheit führt zu Veränderungen der Denkweise.**
- **Veränderungen eröffnen neue Möglichkeiten.**

- **Die Veränderung der Denkweise führt zu einer anderen Lebensweise.**
- **Eine andere Lebensweise führt zu neuen Erfahrungen.**
- **Neue Erfahrungen bringen neue Erkenntnisse.**
- **Neue Erkenntnisse eröffnen neue Horizonte.**
- **Neue Horizonte regen zu neuen, anderen Zielvorstellungen an.**
- **Neue Ziele eröffnen neue Wege.**
- **Neue Wege führen zu neuen, anderen Ufern.**
- **Das Erreichen neuer Ufer bringt Abwechslung und interessante, neue Begegnungen.**
- **Neue Begegnungen führen zu neuen Arten.**
- **Neue Arten bereichern die Schöpfung.**
- **Die Schöpfung ist unendlich und wunderbar!**

Durch das Gesetz der Entsprechung ziehen sich immer die Menschen an, deren Denken ähnlich ist. Menschen mit gleichartigen Vorstellungen sind sich sympathisch. Sympathie bedeutet gleich zu schwingen. (Sympathie ist – meist – Übereinstimmung in Unvollkommenheit.) Durch die gleiche Denkweise versteht man sich sozusagen (geistige Aussicht). Gleich denkende Menschen gehen miteinander persönliche, freundschaftliche oder feindliche Beziehungen ein.

Durch die gedankliche Anziehungskraft baut sich automatisch eine Beziehung auf. **Menschen, die in einer Beziehung leben, beziehen sich auf das, was der andere macht, sagt und fühlt.** Der Mensch geht Beziehungen ein, in denen er sich verstanden glaubt, oder er kämpft gegen bestimmte Beziehungen, weil er sich bedroht fühlt. Die Beziehung ermöglicht es dem Menschen, sich in seiner eigenen Art zu erfahren und zu erleben. In jedem Menschen wurzelt das Ziel einer Beziehung. In Beziehung leben ist, in Reflektion mit dem Außen zu sein. Die gemeinsame Erfahrung prägt die Erkenntnis. In Beziehung lebende Menschen suchen den Austausch. Geben und Nehmen! »Ich gebe dir und du gibst mir!« Damit sich die Dinge weiterentwickeln können, muss zuerst gegeben werden. Wer gibt, kann immer nehmen. Nehmen bedeutet aber nicht, von einer bestimmten Stelle etwas zurückzufordern. Wer gegeben hat, kann selbstverständlich immer nehmen. Er muss eigentlich nicht fordern. Nehmen erfordert Selbstbewusstsein. Wer nicht gegeben hat und immer nur nimmt, ist ein Opfer, das bereits sehr abhängig ist und das gierig verschlingt, was es gibt. Opfer können ihr Nehmen niemals genießen.

Häufig erhält der Mensch das, was er einem Menschen gegeben hat, von einer anderen Person (Seite) wieder zurück (doppelt), denn alles verläuft in einem Kreis. Alles, was ein Mensch einem anderen angedeihen lässt, wird er doppelt wieder erhalten. Alles, was zurückkommt, hat die doppelte Intensität an Kraft (Bumerang). Das ist eine kosmische Wahrheit. »Gib und du wirst immer haben!«

Hegt ein Mensch an einen bestimmten Menschen Erwartungen, wird er meist enttäuscht. Da das Unterbewusstsein auf Erwartungen und Forderungen immer ablehnend reagieren muss (freier Wille), werden die Erwartungen nicht unbedingt von der geforderten Stelle erfüllt. Dies führt beim Gebenden häufig zu Frust und Enttäuschung. Man ist enttäuscht über das Verhalten eines Menschen, weil dieser nicht so handelt, wie man es erwartet hat und merkt in diesem Augenblick nicht, dass man seinen Lohn von anderer Seite erhält. Eine direkte (Rück-) Forderung für eine erfolgte Tat setzt unter Druck und sie würde die geistige Wahl bestimmen. Deswegen kann man nicht immer auf die direkte Erwartung eingehen. Alles, was ein Mensch freiwillig gibt, wird er doppelt ***vom Universum*** zurückerhalten. So kann der Mensch Erwartungen an das Leben haben, sofern er gegeben hat. Alles, was ein Mensch ausgesät hat, erhält er automatisch zurück, damit er seine Tat auch selbst erfahren kann. Eine Tat, die aufgrund einer bestimmten Erwartung getan wurde, ist eine Tat aus Berechnung. Solche Berechnungen gehen sehr häufig nicht auf. Eine direkte Forderung führt zur Verschuldung. (»Der andere ist mir noch etwas schuldig! Ich habe alles für ihn getan!«) Verschuldung führt zu Verpflichtung. Verpflichtung führt zu Zwang. Zwang setzt unter Druck. Druck schränkt die Freiheit des Denkens ein. Denken erschafft die Welt. Der mentale Druck führt demzufolge zur Verwirrung und schlussendlich zu Verirrung.

Das, was ein Mensch an Gedanken, Gefühlen und Worten (geistige Taten) ausschickt, das wird zu seinem Schicksal!

Kennt ein Mensch das Gesetz des Wachstums, so weiß er, dass alles, was er aussendet, immer wieder zu ihm zurückkehrt, weil er ja nur ernten kann, was er gesät hat. Die Reaktion auf die Tat folgt unweigerlich. Der Lohn ist bestimmt. Viele Menschen erwarten Dinge und Ereignisse, die nicht mit ihren vorangegangenen Taten übereinstimmen. Dies kann nur zu Enttäuschung führen. Jeder Mensch hat ein Guthaben, das durch die vorangegangenen Taten erschaffen wurde. Jeder neue Tag ist auch ein Erntetag. Was Menschen säen, das dient ihnen wieder als Nahrung. Die Ernte ist (meist) immer mehr, als die Aussaat war. Alles fällt wieder auf den Menschen zurück. Alles geht im Kreis. Der Mensch gibt »vorne« aus und es kommt sozusagen »von hinten« wieder an ihn heran. (»Man wirft ihm das Geld hinterher!«) Durch Achtsamkeit stellt man fest, dass man seinen Lohn eigentlich immer erhält. Der Gedanke, dass ein Mensch etwas schuldet, führt nur zu neuen Schuldgefühlen. Der Mensch sollte tun, weil er im Jetzt einen Sinn darin sieht und nicht, um den anderen zu verpflichten und ihn durch die Tat zu binden. Die gegenseitigen oder einseitigen Erwartungen blockieren das Vorwärtsstreben. Hat man bestimmte Erwartungen, behindern diese den Fortschritt. Das Leben gibt alles zurück. Das Leben beschenkt uns mit vielen Gaben. Damit man in Gedanken und im Gefühl frei ist, sollte man nicht auf die Gaben warten. Es fällt sowieso alles zu! Das Leben ist eine Reihe glücklicher Zu-Fälle.

In Beziehung leben heißt, sich mit dem Sein und Werden eines anderen Menschen (Bezugsperson) auseinander zu setzen. Sind Menschen in einer Beziehung gefangen, leiden sie unter der Beziehung. Durch das ***Auseinander***setzen können sie ihr eigenes Ich wieder finden und sie können sich evtl. vom Zwang lösen oder zumindest können sie die Beziehung wieder mitbestimmen und mitgestalten. Wer sich auseinander setzt, ist der Beziehung nicht automatisch ausgeliefert. Die Auseinandersetzung bringt klare Entscheidungsmöglichkeiten. Durch die Auseinandersetzung schafft der Mensch wieder die Möglichkeit zu einer neuen Wahl. Sind Menschen in einer Beziehung festgefahren, so blockieren sie einander. Es geht nichts mehr. Eine Auseinandersetzung könnte helfen, die Lage zu klären und sich wieder neu für die Beziehung zu entscheiden. Aus Lebensangst wird häufig an Beziehungen festgehalten, die eigentlich auf beiden Seiten nur Leid verursachen. Jeder steht dem anderen im Weg. Dies führt auch schon mal dazu, dass einer den anderen »aus dem Weg schafft«. Da gibt es unzählige

Möglichkeiten, wie dies gemacht wird! Mit geistiger Ignoranz, mit seelischer Missachtung und körperlicher Einschränkung hält man den Mitmenschen auf Abstand. Abstandnehmen führt aber auch zur eigenen Isolation. Wenn Menschen nach Lösungen streben, werden Trennungen mit der Zeit überflüssig.

»Er hat sich in seiner Beziehung verrannt!« In vielen Beziehungen handeln Menschen kopflos. Sie leben zusammen, ohne über ihr Tun nachzudenken. Das Leben wird mit der Zeit immer eintöniger und uninteressanter. Man hält es miteinander aus, tauscht aber nichts mehr aus und teilt nicht mehr miteinander (höchstens noch das Bett). Die gegenseitige Mitteilung, resp. Information findet nicht mehr statt. Vielmehr grollt man ohne Worte und macht mit ablehnenden Handlungen dem Partner das Leben schwer. Die gemeinsame Situation wird somit immer unbefriedigender. Menschen sitzen einander mit »langen Gesichtern« schweigend gegenüber und werfen sich stumm das Unglücklichsein vor. Dabei sehen sie sich nicht einmal mehr an! Häufig nehmen sie die Zeitung zu Hilfe, damit sie das Gesicht des anderen nicht mehr sehen müssen. Kein Mensch sollte dies mit sich machen lassen und kein Mensch sollte dies einem anderen Menschen antun. Menschen tun einander Leid an, weil sie über das Tun des Partners enttäuscht sind. Doch in Wahrheit sind sie eigentlich über ihre eigene Wahl enttäuscht und können nicht dazu stehen. Solange Menschen Dinge aus Be***rechnung*** tun, werden sie immer wieder Ent-***täuschung***en erleben. Enttäuschungen geschehen nicht, weil die beteiligten Menschen schlecht sind, sondern weil sich der Gebende / der Tuende selbst etwas vorgemacht hat. Er hat nicht uneigennützig gegeben / gehandelt, sondern er hatte ganz bestimmte (unausgesprochene) Erwartungen. In vielen Beziehungen existieren »stumme« Erwartungen, die der Partner erraten müsste. (»Er müsste doch wissen, was ich will…«) Fehlende Kommunikation und geistiges Verständnis lassen das Gefühl sterben. Es treffen sich immer die Menschen, die täuschen und diejenigen, die enttäuscht werden wollen. Jeder Mensch hat eine innere Stimme, die eigentlich ganz klar und deutlich zu ihm spricht. Menschen wollen häufig nicht wahrhaben, was ihnen ihre innere Stimme sagt. Der Verstand will Recht haben und er täuscht sich doch in den meisten Fällen. Das Gefühl ist ein wichtiger Ratgeber und Wegweiser. Menschen sollten vermehrt auf ihr Gefühl achten. Ist das Gefühl »schlecht«, so sollten sie aufmerksamer und gründlicher sein. Derjenige, der sich schlecht fühlt, hat eigentlich das Problem.

Die gleiche Frequenz zieht Menschen an und so »findet man sich«. Dies ist das Gesetz der Resonanz. Jeder Mensch »gibt Zeichen«. Diese Signale sind Gedanken, Gefühle und mehr oder weniger bewusste Ansichten und Sichtweisen. Jeder Mensch hat einen eigenen, spezifischen Ausdruck. Die ausgesandten Signale werden von einem entsprechenden Sender aufgenommen. »Er kommt bei einem anderen Menschen an!« Dieses »Ankommen« führt immer zu einer Reaktion. Die darauffolgende Reaktion ist das Fortführen der begonnenen Tat. Jeder Mensch hat das Bedürfnis, Reaktionen herbeizuführen. Ob er dies bewusst, unbewusst und (un-) wissentlich tut, spielt eine unwesentliche Rolle. Eine bewusst gewollte Reaktion verlangt eine bewusste Tat. Menschen handeln oft, ohne die Folgen ihres Tuns zu bedenken. Sie werden von den folgenden Reaktionen überrascht. Unwissenheit und Dummheit schützen nicht vor Strafe. Alles, was im Leben eines Menschen geschieht, hat er mehr oder weniger bewusst selber auf seinen Plan gerufen. (Hüte dich vor deinen Wünschen, denn sie könnten in Erfüllung gehen!)

Übernimmt ein Mensch die Verantwortung für alles, was sich in seinem Leben ereignet, so hat er die Macht, an ***einem*** Tag sein Schicksal neu zu bestimmen und sein Leben zu ändern.

Die Bewunderung öffnet die Sicht für die Großartigkeit.

Bewunderung – Wunder – wundern – wandeln

Neid ist ein Hinweis dafür, dass Großartigkeit wahrgenommen wurde. Der neidische Mensch zeigt, dass er etwas »Besseres« sieht, dass er aber selbst unfähig ist, sich dieses »Bessere« selbst zu erschaffen. Neid könnte zumindest ein Ansporn sein. Missgunst beschäftigt sich dauernd mit dem Verlust. Der missgünstige Mensch »wartet« förmlich darauf, dass es dem anderen Menschen schlecht geht. Er hofft auf Verschlechterung und nicht auf Verbesserung. Missgünstige Menschen verlieren immer wieder alles, da sie anderen Menschen »weniger« oder nichts gönnen.

Bewundert ein Mensch das Werk eines anderen – und zwar aus vollem Herzen –, so wird er von dessen Werk auch profitieren können. Durch die Bewunderung entsteht eine energetische Verbindung. Die innere, tiefe Bewunderung für das Werk des anderen öffnet beim Bewunderer den Zugang zur gleichen Energie. Der Bewunderer erhält mit der Zeit das gleiche Wissen, sofern er sich zutraut, das Gleiche wie der Bewunderte zu tun. Viele Menschen bewundern die Taten anderer Menschen, aber sie trauen sich selbst zu wenig zu. Sie fühlen sich außerstande und unfähig, selbst »so« etwas schaffen zu können. Da sie die Tat des anderen bereits wahrnehmen können, befinden sie sich zumindest schon auf der gleichen Schwingungsebene. Die Bewunderung schätzt das Werk, die Person, die Sache. Bewundern öffnet den Zugang zu einer neuen Schwingungsebene.

Durch die Bewunderung beginnen das Streben und die Nacheiferung. Kinder wollen werden, was ihnen begehrenswert scheint. Alles beginnt im Geist und berührt das Gefühl, und mit der Zeit wird diese Wahrnehmung zur sichtbaren Realität. Durch die innige Bewunderung wird der Bewunderer selbst aufsteigen können. Die Bewunderung legt eine Leitung zum Idol. Der Bewunderer wird (un-) bewusst dem Tun seines Idols / Ideals nacheifern (gedankliche Auseinandersetzung) und irgendwann selbst so sein. Durch das Interesse befasst sich der Schüler gedanklich mit der Tat des »Meisters«. Alles, was ein Mensch denkt, wird in seinem eigenen Leben wahr werden. Jede Sehnsucht ist eine Erwartung auf eine bessere Zeit. »Es wäre schön, wenn..., aber ich glaube nicht, dass dies wirklich möglich ist.« Doch jede Erwartung – und ist sie noch so irreal – wird sich irgendwann erfüllen. Irgendwann ist es so weit.

Wahre Größe
verlangt keinen Kniefall!

Menschen sollten jedoch nicht andere Menschen bewundern, sondern sie sollten – wenn schon – ***die Taten***, das Sein bewundern. Eigentlich ist jeder Mensch in seinem Leben das Größte. Das Leben ist eine Art Bühne, auf der jeder, in einem vorausbestimmten Spiel, seine Rolle hat. Um der persönlichen Rolle gerecht zu werden, braucht der Mensch entsprechende Mitspieler. Eine Rolle zwingt zu bestimmten Handlungen. Freiheit wurzelt in der Aufgabe von Rollenspielen. Der Mensch kann sein, was immer er will, jedoch wissen die meisten Menschen nicht, was sie sein wollen, noch wer sie sind. In jedem Menschen »steckt« die göttliche Großartigkeit. Jeder Mensch hat den gleichen Schöpfer – jeder hat den gleichen Ursprung – jeder schöpft aus der gleichen Quelle. Jeder Mensch wäre also fähig, alles auch selbst zu tun. Menschen sollten sich weder über- noch unterordnen, denn keine dieser Handlungen wird wahrhaftigem, göttlichem Sein gerecht. Ebenfalls sollte der bewunderte Mensch es nicht zulassen, dass andere vor ihm auf die Knie fallen. Vielmehr sollte der Bewunderte seinem Bewunderer auf die Beine helfen und diesen aufrichten. Er sollte ihn vielmehr ermutigen, das Gleiche selbst zu probieren und zu tun. (»Es hat mich aufgestellt!«)

Zeigt ein Mensch einem anderen Menschen seine Ehrerbietung, kann er dies auf viele andere Arten tun, als sich vor ihm auf den Boden zu legen. Verlangt ein »Meister«, ein »König«, ein »Herrscher«, dass sich ein anderer Mensch vor ihm in den »Staub wirft«, zeigt dies eher, dass der »Erhabene« eigentlich keine innere Größe hat. Denn ansonsten könnte er dem Bewunderer seine Ehrerbietung wieder so zurückgeben, indem er seinem »Bewunderer« direkt in die Augen schaut und ihm für dessen Aufmerksamkeit dankt. Nur weil Menschen die Rolle des Untertanen gewählt haben, kann ein anderer Mensch der Herrscher sein.

Menschen, die nicht weiter in einer Hierarchie leben, haben sich wahrlich befreit. In der Hierarchie ist immer einer oben und die vielen anderen sind unten. Gleichberechtigung sollte das Ziel für alle Menschen sein. Selbstverherrlichung führt zur Verblendung. Verblendung ist eine Art geistiger Erblindung. Ein geistig blinder – verblendeter – Mensch erkennt seine Mitmenschen nicht mehr. Krieg ist meist die Ursache von Verblendung.

Was ein Mensch von anderen denkt, hält und erwartet, wird man auch von ihm denken, halten und erwarten!

Respekt, Höflichkeit
und Aufmerksamkeit –
diese Tugenden ehren jeden
Menschen! Sie ehren denjenigen,
den es betrifft und sie ehren
denjenigen, der es macht!
»Dein Tun ehrt Dich!«

Wunder geschehen jeden Tag, aber nicht jeder Mensch ist offen dafür. Viele Menschen haben den Blick nicht auf das tägliche, wundervolle Geschehen gerichtet, sondern sie richten ihren Blick auf all das, was schlecht ist. Das Leben hat sie fest im Griff. Sie geben ihre Aufmerksamkeit dem Mangel und der Leere. Menschen achten auf die Unfähigkeit und werden selbst immer unfähiger. Sie interessieren sich für Verbrechen, Gewalt, Zerstörung und für das Elend anderer Menschen. Man bedauert die erbärmlichen Zustände, aber man unternimmt wenig, um die Misere zu ändern. Man lässt es nicht an sich heran und ist dennoch Zuschauer aus der Ferne (Fernsehen). Man beklagt und beschuldigt andere oder irgendwelche Systeme, aber selbst trägt man nichts zur Lösung bei. Manchmal sind Menschen schon froh, wenn sie sehen, wie schlecht es anderen geht. Sie können mindestens für kurze Zeit ihr eigenes Leben wieder schätzen. Eine solche Lebensanschauung bringt Menschen dazu, am Elend festzuhalten und sich darin schlussendlich zu verlieren. Man ist mit der Zeit jedes Leid gewohnt und ist froh, wenn es nicht noch schlimmer wird. Menschen sollten ihre Gedankenkraft zum Kreieren von Lösungen nutzen und nicht weiter nur zur Bewertung. Eine Bewertung kann nie die Lösung sein, sondern sie könnte höchstens der Anfang dazu sein. Es gibt viele Menschen, die sich damit trösten, sie würden nach dem Tod für ihr Leiden belohnt werden. Derjenige, der auf Erden am meisten gelitten hat, wird in den »Himmel« kommen. Die Systeme besänftigen und kontrollieren die Masse der Menschen, indem man ihnen erklärt, dass das Leiden auf Erden im Himmel reich belohnt wird (Himmelreich!)! Glaube macht in diesem Fall selig.

Ein Wunder wandelt den Geist.

Ist das wirklich so? Sollte der Mensch nicht den Reichtum der Schöpfung auf dieser individuellen, irdischen Ebene erfahren und erleben? Ist nicht der Sinn des Lebens, im Hier und Jetzt glücklich zu sein? Was wäre sonst der Sinn des Lebens?

Menschen sollten sich dafür interessieren, wie man die Probleme auf dieser Welt lösen/auflösen kann. Damit überhaupt Lösungen gefunden werden können, muss eine Lösung überhaupt zuerst für möglich gehalten werden! Schuldzuweisungen lenken von Lösungen ab. In dieser Welt gibt es unzählig viele gute, erfreuliche und bewundernswerte Dinge und es geschehen täglich viele wundervolle Taten und wunderbare Ereignisse. Häufig werden diese aber gar nicht gesehen oder wahrhaftig geschätzt, sondern als selbstverständlich angenommen. Wie schön ist es, wenn die Sonne morgens aufgeht? Anstatt sich am Neubeginn zu erfreuen, denkt man schon wieder an das Ende.

Viele Menschen fühlen sich »schuldig«, weil es ihnen gut geht. Oder sie genießen ihr Leben nicht, weil sie bereits wieder den Mangel und das Ende fürchten. »Man kann dem Guten nicht trauen und das Schlechte kommt ja sowieso.« So erwarten sie bereits »den nächsten Hammer«, der auf ihrem Haupt niedergeht (Schicksalsschlag). Die menschlichen Erwartungen und Vorstellungen wurzeln in deren Gedanken und Gefühlen. Menschen sind unbewusst auf (gedanklich) bestimmte Ereignisse vorbereitet. Leider haben viele mehr zu fürchten, als zu freuen. Negative Gedankengänge führen zu negativen Ereignissen. Bleibt der Mensch seinen positiven Gedanken und Gefühlen treu, so kann er sich wahrlich auf die kommenden Ereignisse freuen. Damit negative Erwartungen nicht Wirklichkeit werden, muss der Mensch seine Gedanken ändern und kontrollieren, und zwar immer und jederzeit. Da nützt es nichts, einmal ein paar positive Sätze zu sagen, aber innerlich die gleichen, gewohnten, negativen Gedanken und Gefühle aufrechtzuerhalten. Bereinigt ein Mensch seine Gedanken und Gefühle, so schafft er in seinem Leben Klarheit und sein Tun ist dementsprechend. »An den Taten eines Menschen erkennt man sein Wissen und seine Weisheit!«

Menschen pflegen ihre alltäglichen, negativen Gedanken- und Gefühlsmuster und sie sind sich der Folgen ihrer negativen Programme z.T. überhaupt nicht bewusst. Sagt ein Mensch: »Es gibt keine guten Menschen auf dieser Welt!«, so wird er auf Menschen treffen, die ihm diese Ansicht bestätigen. So hat jeder Recht mit seiner rechthaberischen Meinung. **Jeder Mensch erhält, was er denkt! Genau so, wie er denkt, dass es ist, so wird er das Leben erfahren und erleben. So ist die Wahrheit des einen nicht die Wahrheit des anderen.**

Was sagen Sie? Haben Sie heute schon darauf geachtet? Hören Sie sich selbst zu? Haben Sie auch schon gesagt »Es gibt keine Gerechtigkeit auf dieser Welt!«? Erscheint Ihnen die Welt ungerecht? Achtung: Was und wie ist Ihre Aussage? Was haben Sie heute schon alles (aus-) gesagt? Wissen Sie noch, was Sie wem gesagt haben? Geben Sie Ihren eigenen Worten die notwendige Aufmerksamkeit? Was bestimmen Sie (Aussage)? Wie bestimmen Sie (Tonlage)? Sind Sie sich überhaupt bewusst, was Ihre Worte in Ihrem Leben anrichten können? Denken Sie über die Folgen nach?

Positive Anregungen:
Man könnte folgende Aussagen machen:

»Ich treffe immer wieder auf achtsame Menschen!«

»Jeder Mensch ist eigentlich ein Freund von mir und bringt mir neue Werte. Jeder Kontakt ist wertvoll.«

»Ich treffe immer auf interessante und interessierte Menschen, die mich geistig weiterbringen!«

»Ich treffe begeisterungsfähige Menschen, mit denen geistige Erfolge realisierbar sind.«

»Ich treffe eigentlich nur liebevolle Menschen, wenn ich bereit bin, Liebe voll anzunehmen!«

»Benötige ich einmal Hilfe, ist immer irgendein Mensch da, der mir weiterhilft!«

»Ich bin beliebt!«

»Ich bin begehrt!«

»Ich bin interessant!«

»Ich bin wissend!«

»Ich weiß in jeder Situation richtig zu reagieren!«

»Ich achte auf meine Bedürfnisse und auf die meiner Umwelt!«

»Ich bin begeisterungsfähig!«

»Ich bin in meinem täglichen Leben reich gesegnet mit Freude, Liebe, Leichtigkeit und Erfolg!«

usw.

Ihre innere Einstellung wird auch Ihr äußeres Erscheinungsbild verändern! Man wird auf Sie aufmerksam werden!

Ziel – Lebensziel – Lebenssinn oder Lebenszweck

Jeder Mensch – also jede Seele – hat sich vor der physischen Geburt ein ***vor***bestimmtes Leben ***vorgenommen***. In der gewählten Lebensart macht der Mensch seine Erfahrungen und gewinnt Erkenntnisse. Das Leben ist eine Art Bühne, auf der jeder Mensch seinen Auftritt hat. Die Seele wählt ihr Weiterleben aufgrund ihrer vorangegangenen Leben. Das Ende ist sozusagen wieder der Anfang. Die Seele hat sich nicht geändert, jedoch das Bühnenbild und das neue Kostüm (Körper). Der Mensch ist mit einem Fähigkeitspotenzial ausgestattet, das es ihm erlaubt, sein Lebensvorhaben zu verwirklichen. Jeder Mensch hat die Kraft, auf seine Art zu leben. Jeder Mensch wird mit allen Kräften und Fähigkeiten ausgerüstet, damit er seine Lebensaufgabe meistern und erfolgreich erfahren und erleben kann. Zu Beginn des Lebens ist die Seele sozusagen voller Hoffnung. Hoffnung heißt, sie ist für alles offen. Doch bereits vielen Kindern wird das Leben von Erwachsenen verleidet. Viele Erwachsene haben bereits ihre Hoffnung aufgegeben und geben ihre Hoffnungslosigkeit an ihre Kinder weiter. Häufig werden Kinder getadelt, wenn sie zu laut lachen und sich ganz einfach freuen. Es gibt Menschen, denen das Lachen anderer Menschen auf die Nerven geht. Dies erschwert ein glückliches Werden und Sein.

Sehr viele Menschen erinnern sich nicht, resp. wissen nicht genau, was der Sinn ***ihres jetzigen Daseins*** ist. Der Verstand kann den Sinn des Lebens nicht erkennen (fehlendes Lebensverständnis). Der Verstand weiß nichts, doch das Unterbewusstsein (Gefühl / Seele) und das »höhere Selbst« (Geist) eines Menschen »wissen« um die gewählte Lebensaufgabe. Die Seele trifft die bewusste Wahl vor ihrer physischen Geburt. Der Mensch spürt instinktiv, warum er da ist, doch der Verstand ist ein großer Gegner des Gefühls. Systeme schulen den Verstand und schalten das Gefühl aus. Die Seele ist der Erfahrungsspeicher, in dem alle vergangenen Erkenntnisse in Form eines Gefühls gespeichert sind. Der Verstand will Sicherheit und sucht nach Beweisen. Gefühle lassen sich nicht erklären, jedoch sie bestätigen sich von selbst.

Äußere Begebenheiten »zwingen« den Menschen, sich mit Dingen und Situationen (Erfahrungen) zu befassen, die ihm den Sinn seines Lebens aufzeigen. Alles, was im Leben geschieht, hat der Mensch selbst bestimmt. Erst wenn der Mensch seinen Alltag annimmt, kann er die alltäglichen Ereignisse wandeln, also verändern.

Jeder Mensch hat natürliche Bedürfnisse. Diese Bedürfnisse sind Wegweiser zu einem bestimmten (vorausbestimmten, unterbewussten) Ziel. Ein Bedürfnis zeigt dem Menschen: »Da hast du Bedarf. Da musst du hinschauen! Da ist etwas, was für dich wichtig ist!«

Bedürfnisse lösen im Menschen Gedanken und Gefühle aus. Diese Gedanken führen zu ***Über***legungen (Gedankenstudium). Die gemachten Über***legungen*** führen zur Kommunikation, also zu Gesprächen mit anderen Menschen. »Man spricht sich aus.« Die Kommunikation hat den Zweck, Menschen zu finden, die ihre Bedürfnisse ebenfalls darlegen. Der Mensch *ent*deckt, dass auch andere ähnliche Bedürfnisse haben, wie er selbst. Der Bedarf des Mitmenschen lässt sich über den eigenen Bedarf ***legen***, also »es deckt sich«. Die geführte Kommunikation hilft, konkrete ***Maßnahmen*** zu ergreifen und sich klar dafür zu entscheiden, das eigene Bedürfnis zu realisieren. Durch das ***Maßnehmen*** schätzt der Mensch ab, was er zur Umsetzung und Realisation braucht. Was benötigt er, um sein Vorhaben zu verwirklichen? Wie muss er vorgehen? Was gibt es für Möglichkeiten? Welche Strategie wählt er? Beginnt er mit der Realisierung, so sucht er gleichzeitig nach Menschen, die das Produkt ebenfalls brauchen und wollen (ähnliches Lebensbedürfnis). Er trifft Menschen, bei denen er die Bedürfnisse mit seinem Tun »decken«, also befriedigen kann. Nun kann er das, was sein eigenes Bedürfnis war, zuerst für sich selbst produzieren (Eigennutzen) und zugleich seine Produktionen anderen Menschen verkaufen. Damit ***lohnt*** sich das Umsetzen und Verwirklichen des eigenen Bedürfnisses. Das Wahrnehmen der persönlichen Bedürfnisse führt den Menschen zu seinem inneren Ich. Strebt er die Befriedigung seines inneren

Bedarfs an, so strebt er danach, seiner Seele gerecht zu werden. Alles, was seiner Seele gut tut, bringt Freude. Was er zu seiner eigenen Freude macht, wird auch anderen Menschen Freude machen können. Die seelischen Bedürfnisse sind Wegweiser zur Lebenserfüllung. Die Seele strebt nach wahrer Liebe – sie will die Wahrheit leben und sie strebt die höchste Erfüllung an. Die Seele ist »Teil-Gott«. Gott strebt nicht danach, die Menschen ins Verderben zu führen, sondern sein »Ziel« ist es, den Menschen die Allmacht zu überlassen, alles selbst wählen und bestimmen zu dürfen. Keine Tat wird verurteilt. Jeder Mensch verurteilt sich durch die eigene Tat selbst. Dass es einen Gott gibt, der die Menschen in Versuchung führt, diese Vorstellung wurde von den Menschen selbst kreiert, die damit ihre Schwäche einem »unsichtbaren Gott« in die Schuhe schieben wollen. Schwäche ist eine Art von Ausrede, die wirkliche Stärke verhindert.

Durch die Erfüllung der persönlichen Bedürfnisse findet die Seele eine Art von Ruhe. In der Ruhe entsteht Neues. Neues Leben, neue Kraft erwacht. Die Erfüllung führt zu neuen Bedürfnissen. Die Seele ist bereit, neue Erfahrungen und Erkenntnisse zu gewinnen. Die Seele ist voller Energie und Tatendrang. Ist der Mensch flüssig, ist sein Leben im Fluss (Lebensfluss). Im Strom des Lebens bewegt er sich unentwegt weiter. Energie durchströmt ihn. Der Mensch macht immer weiter. Unbewusste Menschen schwimmen auf der Welle mit. Leben durchströmt den Menschen und macht ihn lebendig. Jeder Fluss führt in einen noch größeren Strom und dieser Strom führt irgendwann ins Meer. Das Meer ist das Ziel, es ist die Unendlichkeit. Der Mensch strömt seinem Ziel entgegen. Das Meer ist sozusagen die unendliche Einheit und symbolisiert die Ewigkeit.

Auf dem Weg ins Meer sieht der Mensch viele »Welten« an sich vorbeiziehen. Doch oft schwemmt es ihn weiter und er kann diese Welten nur kurz und aus der Ferne anschauen (Fernsehen). Der Strom, der ihn weiter bestimmt, wird im Verlaufe des Lebens immer größer und mächtiger und breiter. Er muss schauen, dass er seinen Kopf über Wasser halten kann. Zwischendurch muss er ordentlich strampeln und er muss seine ganze Kraft einsetzen, um am Leben zu bleiben. Er findet nicht die Ruhe, sich zu orientieren und er kann sich nicht ausruhen, denn die allgemeine, starke Strömung lässt ihm keine Ruhe. Zwar muss er im allgemeinen Strom sein Ziel nicht selbst bestimmen, sondern er muss sich einfach treiben lassen. Man überlässt sich sozusagen der allgemeinen Strömung. Man übergibt die eigene Bestimmung und Verantwortung der Allgemeinheit. Schlussendlich scheint es ja allen so zu gehen. (»Was will ich alleine denn schon machen. Ich kann alleine gar nichts ausrichten.«) Das ist die Ausrede und Realität der großen Masse. Je länger (Alter) der Mensch nun im (reißenden) Strom mitschwimmen muss, umso mehr verlassen ihn mit der Zeit seine Kräfte. Um Kräfte zu sparen, gibt man nach und überlässt sein Schicksal dem allgemeinen Bestreben (man ordnet sich ein oder unter). Eine Gegenwehr scheint sinnlos und so schwindet auch die Hoffnung auf persönliche Erfüllung. Man will nur noch irgendwie am Leben bleiben, selbst wenn dies keinen großen Sinn mehr macht. Irgendwann erreicht jeder das große Meer der Einheit.

Nimmt ein Mensch seine persönlichen und bewussten Bedürfnisse wahr, so beginnt er, deren Erfüllung anzustreben. Das tägliche Tun wird immer mehr zur Erfüllung, weil es (selbst) bewusst Sinn macht. Das Leben beginnt zu fließen.

Alles beginnt klein und wird groß!

Erst ist es ein Bach, der aus einer Quelle heraussprudelt (Kindheit). Das Kind spielt am/im Bach und erfreut sich am Plätschern des Wassers, das unentwegt weiterfließt. Das Kind wird neugierig und fragt sich, wohin das Wasser fließt. Wasser ist das Element des Gefühls. Die erste Erfahrung mit dem Leben macht Freude. Mit der Zeit wird der Bach immer tiefer. Jetzt lernt das Kind zu schwimmen (Schulzeit). Der heranwachsende Mensch lernt zu schwimmen (sich über Wasser halten), denn man sagt ihm, dass dieser Bach irgendwann zu einem Fluss wird, in dem man nicht einfach stehen bleiben kann (Mündigkeit). »Man muss weiterkommen!« Der Mensch erlernt die unterschiedlichsten Schwimmpraktiken (Methoden) und er lernt, wie man untertauchen kann, ohne zu ertrinken. Er lernt tief Luft zu holen und den Kopf unter Wasser zu halten. Durch das Abtauchen lässt sich der Fluss in der Tiefe erfahren. Der Mensch lernt, mit der Kraft des Lebens umzugehen. Je nachdem, wie man dem Kind den Umgang mit dem Wasser (Gefühl mit geistiger Kontrolle/Steuerung), resp. mit der Lebenskraft zeigt, so mutig oder so ängstlich wird es sich später im reißenden Strom des Lebens verhalten.

Ist der mündige Mensch im Fluss seines Lebens (Beendigung seiner Bildungszeit/Schulung), wird er zu Beginn häufig von der Stärke der Strömung überrascht und er muss lernen, mit dieser Strömung umzugehen. Er muss »üben«, mit den allgemeinen Anforderungen fertig zu werden. Hat er sich mit der Zeit an die Kraft der Strömung gewöhnt, lässt er sich zwischendurch treiben, da er die Wirkung des Stromes schon ein wenig erfahren hat. Er gewöhnt sich an den Strom. Er sieht neue, fremde Welten an sich vorbeiziehen, aber er kann sich nicht wirklich daran erfreuen, da »es« ihn einfach weiterschwemmt. Der Strom ist mitreißend. Das allgemeine Geschehen treibt an und zwingt ihn, mitzumachen oder ansonsten unterzugehen. Bereitet ihm das Treiben keinen Spaß mehr, beginnt er auszuprobieren, ob er sich selbst im Strom bewegen kann. Er hat schließlich verschiedene Schwimmtechniken gelernt. Durch das Steuernwollen nimmt er seine eigene Position wahr (gegenwärtige Situation). Nun merkt er, dass er »mittendrin« ist und er stellt fest, dass die Strömung in der Mitte am stärksten ist. Er nutzt die Kraft des Stromes, um seine Position zu verändern. (Er versucht, sich »aus der Schusslinie« zu nehmen.) In der Nähe des Ufers fließt das Wasser langsamer und geruhsamer. Bewegt er sich im ruhigeren Gewässer, lässt sich das vorbeiziehende Ufer besser wahrnehmen. Will er ans Ufer, muss er dies gezielt und bewusst wollen. Er muss seine eigenen Kräfte mobilisieren und sein ganzes Können einsetzen, damit er das angestrebte Ufer erreicht. Dabei muss er z.T. gegen den Strom schwimmen und er muss gegen die dauernde, allgemeine Strömung angehen. Dies kostet Kraft und bedarf eines starken Willens. Behält er das Ufer, also seine Vision bei, wird er sein Ziel auch erreichen. Er darf sein Ziel nicht mehr aus den Augen lassen und er darf sich vor allem nicht vom allgemeinen Geschehen davon abbringen lassen. Je mehr er sich dem Ufer nähert, umso langsamer fließt das Wasser und umso leichter wird das Vorhaben. Er versucht, den Boden unter seinen Füßen zu spüren. Plötzlich findet er Halt. Zuerst ist dieser Halt noch ein wenig unsicher, doch schlussendlich steht er zwar noch im Wasser, aber auf sicheren, eigenen Beinen. Nun kann er aus dem Fluss steigen und ans Ufer waten. Er hat sich aus dem Strom befreit. Ein neues, großes Freiheitsgefühl breitet sich aus. Es ist ein gutes Gefühl, nicht immer weiterschwimmen (keinen Boden unter den Füßen haben) zu müssen und er genießt es, einfach stehen bleiben und in Ruhe schauen zu können. Der freie Mensch hat nun die Wahl und die Möglichkeit, sein Da-Sein zu genießen. Er hat Urlaub vom Geschehen des allgemeinen Stromes. Er hat es geschafft, für eine (kurze) Zeit aus dem Strom des allgemeinen Tuns auszusteigen. Hat der Mensch das »rettende« Ufer erreicht, kann er in Ruhe sein Leben betrachten und darüber nachdenken. Die allgemeine Abhängigkeit ist überwunden. Er kann sich zur Ruhe setzen. Er hat Zeit, das »allgemeine« Geschehen zu betrachten. In Ruhe kann er das ewig strömende Leben studieren. Will er sich – nach einer gewissen Zeit – wieder verändern und will er noch andere »Orte / Ufer« kennen lernen, kann er sich wieder in die »Fluten« stürzen und sich mitnehmen lassen. Er weiß ja nun, dass er jederzeit wieder ans Ufer kann. Die gemachte Erfahrung bestärkt ihn und sie gibt ihm die notwendige Sicherheit und Zuversicht für neue Abenteuer. Die erfahrene Leistung bestärkt ihn und gibt ihm innere Sicherheit. Nun kann er sich erneut, aber mit Freude im Strom treiben lassen und genießt es. Das Bad in der Menge erfrischt ihn und tut ihm gut. Die Energie des Stromes beflügelt ihn auf seinem Weg zu neuen Ufern und Abenteuern. Er nutzt die Energie des Stromes und spart dabei seine eigenen Kräfte. Er kann einfach sein und er muss eigentlich nicht sehr viel tun. Sieht er ein neues, faszinierendes Ziel, wo er anlegen will, kann er seine Richtung dahingehend steuern. Da er sich seiner selbst bewusst und nicht im Geschehen des Stromes gefangen ist, macht ihm der Strom keine Angst mehr. Vielmehr kann er die Kraft des Stromes dazu nutzen, viel schneller voranzukommen. Er ist fähig, jederzeit wieder aus dem Strom / aus dem Fluss »auszusteigen«. Er ist nicht weiter gezwungen, dorthin zu »schwimmen«, wo es alle hinschwemmt, sondern er trifft jederzeit selbst die Wahl, wohin er will und wo und wie lange er bleiben will.

Das Leben ist ein Fluss. Jeder Mensch kann die Kraft der Menschenmenge (Gemeinschaft) / des menschlichen Miteinanders nutzen, um schneller voranzukommen. Man kann sich aber auch gegen das Leben wehren und darin untergehen. Viele natürlichen Kräfte stehen den Menschen bei, ihr Leben mit mehr Leichtigkeit und Genuss zu erleben. Was ein Mensch nicht will, das wird sich ihm erst recht in den Weg stellen. Man kann sich alles leichter, aber auch schwerer machen. Ohne Ziel ist alles mühsamer, da man seine Kräfte für »nichts und wieder nichts« aufbraucht.

Will ein Mensch nicht weiter in einem allgemeinen Strom mitschwimmen, so muss er sich ein eigenes, selbst bestimmtes, selbst bewusstes Ziel setzen. Durch die bewusste Wahl hat er die Macht, alles selbst zu steuern. Der Wille aktiviert die Kraft, den eigenen Weg zu gehen. Der Wille erzeugt den Bewegungsimpuls. »Wo ein Wille ist, ist immer auch ein Weg!« Ein grundsätzliches Lebensziel legt nicht nur eine Situation fest, sondern beinhaltet die alltäglichen Abläufe. Ein ganzheitliches Lebensziel berücksichtigt bewusst auch alle unbewussten Aspekte. In einem umfassenden Lebensziel sind die vier Säulen des Lebens immer und zu jeder Zeit zu gleichen Teilen berücksichtigt.

Die vier Säulen des Lebens sind:

Gesundheit
Lebenskraft – Körper – Lust – Genuss

Partnerschaft
Liebeskraft – Seele – Liebe – Gewinn

Beruf
Geisteskraft – Geist – Freude – Leichtigkeit

Geld, Finanzen
Antriebskraft – Freiheit – Stärke – Macht – Leistungskraft

Das Resultat ist ein Leben im vollkommenen Sein!

Hoffnung ist das,
für das Du offen bist!
Hoffnung öffnet!

Jeder Mensch kann nur aufnehmen, wofür er innerlich bereit ist. Der Mensch nimmt gefühls- und verstandesmäßig auf. Je besser beides übereinstimmt, umso besser ist die Aufnahme. Die so erfasste Energie wird einfach in ihn hineinfließen. Neue Energie durchströmt ihn und erfüllt sein Leben mit einer neuen, starken, gesunden, befreienden, liebenden Energie. Der Mensch kann nur von der Energie be***ein*****flusst** werden, für die er selbst bereit ist (gedanklich, gefühlsmäßig). Diese eingeflößte Energie fördert oder behindert das Wachstum eines Menschen. Sind das Denken, die Einstellung und das Gefühl des Menschen positiv, wird er auch positive Energien aufnehmen. Es ermöglicht eine bessere, höhere Position. Das Leben zeigt sich aus einer ganz neuen Perspektive. Die Erhöhung des Geistes lässt den Menschen über den Dingen stehen. Wer über den Dingen steht, kann bestimmen und dirigieren. Dieser Mensch hat immer die volle Wahl! Bestimmt ein Mensch sein eigenes Leben nicht, so wird er von außen und äußeren Umständen bestimmt!

Ohne Ziel gibt es keine Karriere

(Karriereleiter – Aufstieg)

Menschen irren ziellos durchs Leben und sind doch voller Erwartung. Fragt man sie, was sie denn erwarten, wissen sie meist nicht, worauf sie warten, sondern sie »wissen« nur, dass es besser werden soll. Wie kann es besser werden, solange die Menschen nicht wissen, was sie *eigen*tlich wollen? Was meint man mit »besser«? Wie kann ein Mensch »etwas« erreichen, solange er nicht weiß, WAS er erreichen will? Wie kann ein Mensch seine Erfüllung finden, wenn er nicht weiß, WAS ihn erfüllen könnte?

Während der Entwicklungszeit (Kindheit) werden die Menschen daraufhin trainiert, die Bedürfnisse der jeweiligen Gesellschaft wahrzunehmen und alles zu tun, damit sie nicht negativ auffallen. Vielmehr wird ihnen gezeigt, dass sie nur geliebt werden, wenn sie sich liebens*würdig* verhalten, d. h. wenn sie alles tun, was dem Umfeld nützt und was die Umwelt von ihnen erwartet / fordert. Was die Gesellschaft denkt und erwartet, wird zum Lebensmaßstab. Die heranwachsenden Kinder werden erzogen, sich anzupassen und den Regeln der Erwachsenen zu folgen. Fragen die Kinder, warum das so ist, erhalten sie meist die Antwort: »Wir mussten dies genau so machen, als wir selbst Kinder waren. Das ist einfach so.« So wird das gleiche Verhalten gefordert, egal, ob dies Sinn macht oder nicht. Kinder werden so erzogen, damit die Gesellschaft später mit ihnen zufrieden sein kann. Aber genau dieses oft sinnlose Verhaltensmuster bringt häufig Frust, Ärger, Wut, Zorn und Unzufriedenheit, denn in diesem *all*ge*meinen* Verhaltensmuster sind oft die inneren, individuellen, seelischen Bedürfnisse eines Menschen nicht berücksichtigt. Die Erziehung sollte vielmehr lehren und vorleben, wie ein aufmerksames Miteinander-Leben aussehen kann. Im wahren Miteinander kann jeder Mensch seine eigene Art leben und entwickeln. Die Erwachsenen geben häufig unbewusst wieder ihre eigenen, anerzogenen Verhaltensmuster und Verhaltenstheorien weiter, da sie sich selbst darin schon ergeben haben. So bleibt die Welt, wie sie ist.

Da viele Menschen keine eigenen Ziele und klaren Lebensvorstellungen haben, müssen sie sich den Zielen und den Vorstellungen ihrer Gesellschaft unterordnen. Es wird angewiesen, was sie zu tun haben. Menschen »warten« auf Befehle einer Obrigkeit und auf die Anweisungen des Umfeldes, denen sie mehr oder weniger gerne Folge leisten. Was ihnen befohlen wird, passt ihnen zwar nicht immer, aber sie glauben, somit müssten sie schließlich auch keine Verantwortung für die Folgen übernehmen. Sie glauben somit nicht schuld zu sein, wenn aus ihrem Leben nichts wird, da sie alles befolgt haben, was ihnen gesagt worden ist. Auf diese Weise sind sie automatisch an das Schicksal ihres Volkes (Lebensgemeinschaft / Leidensgenossen) gebunden und müssen die Folgen mittragen, die aus den Verordnungen ihrer Regierung entstanden sind. Unwissenheit schützt nicht vor Strafe und Unwissenheit schützt nicht vor der Eigenverantwortung.

Ein klares, selbst bestimmtes Lebensziel erleichtert dem Menschen die täglichen Entscheidungen. Er kann feststellen, ob und wann sein Tun richtig oder falsch ist. Richtig ist alles, was zum Ziel führt und falsch ist demzufolge alles, was vom Ziel wegführt und fernhält. Somit erkennt jeder Mensch selbst, ob ihm das, was er tut, Erfüllung bringt. Die eigene Erkenntnis gibt innere Sicherheit. Der zielorientierte Mensch lernt, den eigenen Wahrnehmungen zu trauen. Ein Ziel erleichtert die Entscheidungen. Durch eine klare Zielvorstellung wird die tägliche Wahl sinnvoll und leicht. Was sinnvoll ist, wird Erfüllung bringen. Der Mensch erkennt durch zielorientiertes Denken Sinn und Unsinn des eigenen Lebens.

Sobald ein Ziel bestimmt ist, wird der Weg zum Ziel plötzlich erkenn- und sichtbar. Je klarer das Ziel ist, umso weniger Verirrungen ergeben sich. Der Weg zum Ziel ist selten gerade. Selbst wenn das Ziel zeitweise nicht zu sehen ist, bleibt der erfolgreiche Mensch auf seinem Weg. Die innere Vision ist nur ihm wirklich bekannt und für Außenstehende unsichtbar. Viele Menschen versuchen immer wieder, den geraden Weg zu gehen und sie scheitern bei diesem Vorgehen, weil sie auf ihr Ziel losstürmen und weil sie dadurch die Hindernisse nicht sehen. Sie sehen sozusagen die Stolpersteine nicht, weil sie dem Ziel entgegenhasten. Schritt für Schritt zu tun ist der sicherste Weg zum Ziel, damit man nicht auf die Nase fällt. Auf dem Weg zum Ziel ergeben sich immer wieder neue Möglichkeiten und Erkenntnisse, die dienlich sind, die geplanten Vorstellungen zu ergänzen und zu vervollständigen.

Auf dem Weg zu sein, das ist das Ziel! In Bewegung zu sein – wird immer wieder neue Möglichkeiten eröffnen!

Der gerade Weg sieht in der Praxis oft so aus, dass man nur das tut, was zum Erreichen des Zieles für den rationalen Verstand »logisch« scheint. D. h. der Mensch entscheidet sich für einen Weg, der ihm sicher und glaubhaft scheint. Er sucht nach Erklärungen und er versucht seinen Weg abzusichern. Das Bestreben nach Sicherheit ist eigentlich nur der Ausdruck innerer Unsicherheit. Menschen setzen sich Ziele, die ihnen sicher erscheinen, aber die sie nicht wirklich glücklich machen. Menschen schließen sich häufig allgemeinen, bewährten, bewiesenen Zielvorstellungen an. Ein unsicherer Mensch versucht, in die Fußstapfen eines anderen Menschen zu treten. Dies gibt ihm Sicherheit, weil vor ihm schon ein anderer Mensch diesen Weg gegangen ist und sein Ziel erreicht (!?) hat. Ein Anhänger hat immer das Ziel eines Vorgängers. Hat bereits ein Mensch den gewählten Weg schon beschritten, kann dieser Weg ja gar nicht falsch sein (Herden-, pardon Gruppenbewusstsein)!!!??? Menschen lassen sich immer wieder von ihren geplanten Vorhaben abbringen. Sie ahmen das Leben anderer nach. Dabei sehen sie die Dinge nur von einer Seite. Ein nachgeahmtes Ziel ist nicht selbst überlegt und daher auch nicht selbst-verständlich und wird wenig Erfüllung bringen. **Der äußere Anschein ist nicht die Garantie für innere Erfüllung!** Der Nachahmer lebt das Leben eines anderen und wird dadurch sein eigenes Glück nie finden können. Enttäuschung und Leere sind bereits vorprogrammiert. »Es hat doch alles so schön ausgesehen! Ich habe doch genau das gemacht, was der andere vor mir auch gemacht hat!« Menschen streben oft nur nach einem bestimmten Punkt (Aussichtspunkt) und vergessen dabei das »Drumherum«. Menschen machen ihr Glück an einer bestimmten Sache, an einem bestimmten Geschehen, an einer bestimmten Situation fest. Damit sind sie schon wieder abhängig. Sie können nur glücklich sein, wenn dieses Ereignis auch genauso eintrifft. Der Grund für ein Scheitern eines angestrebten Vorhabens ist sehr oft die fehlende Ausdauer und die eigene Unbeständigkeit. Das Übel wurzelt darin, dass der Mensch nur das umsetzt und tut, was ihm nötig scheint und nicht, was ihm Freude macht. Menschen tun häufig nur das Nötigste und sie sind enttäuscht, dass sie ihr Ziel nicht »im besten Sinne?« erreichen. Sie erreichen ihr Ziel *eben* in *ihrem* Sinne! Wer nur das Nötigste tut, der handelt nicht aus einer inneren Freude und aus einem inneren Bewusstsein heraus, sondern dieser Mensch handelt aus dem Zwang einer Notlage oder aus der Befürchtung einer zukünftigen Notlage heraus. Ängstliche Menschen zweifeln schnell. Befürchtungen sind der beste Nährboden für Zweifel. Jeder Zweifel zerstört die Idee augenblicklich. Zweifler wollen immer eine Garantie für die geplanten Vorhaben. »Was habe ich davon? Was gibst du mir dafür, wenn ich dies tue? Wer gibt mir eine Garantie, dass dies etwas bringt?« usw. Es gibt keine äußere Sicherheit, sondern die Sicherheit gibt sich jeder Mensch selbst, indem er seinen Idealen und inneren Vorstellungen treu bleibt. Zweifelnde Menschen zerstören ihren Erfolg selbst.

Da sehr viele Menschen an ihre leidvollen Erfahrungen gewöhnt sind und sich laufend daran erinnern, fällt es ihnen leichter, negativ zu denken. Sie können es sich gar nicht vorstellen, dass sich ihr Leben auf positive Art verwirklichen kann. Sie »*tischen*« sich selbst immer wieder die alten Verluste und negativen Ereignisse auf. Es ist ihre eigene Wahrheit, die sie auf den Tisch legen (auftischen). Sie tischen auch ihren Mitmenschen immer wieder ihre negative Vergangenheit auf. Menschen denken negativ und erwarten positive Überraschungen. Trotz negativer Gedanken erwartet man positive, unglaubliche Überraschungen. Sie erwarten Wunder, obwohl sie eigentlich nicht an Wunder glauben. Selbst, wenn tatsächlich so etwas wie ein Wunder geschieht, glauben sie immer noch nicht an ihr Glück. Sie sagen: »Das war ein einmaliger Zufall.« So lassen sie selbst das Wunder nicht wundervoll sein, sondern sie zerstören den wunderbaren Moment gleich wieder.

Jeder Gedanke und jede Tat führt früher oder später zum Ziel. Jeder Mensch hat sein Glück selber in der Hand oder soll man sagen im Kopf? Hat ein Mensch ein *selbst* be*stimmt*es, bewusstes Lebensziel, ent*deckt* er seine inneren, eigenen Bedürfnisse. Er wird das Bedürfnis haben, etwas zu tun, das auf den ersten Blick nicht unbedingt – logisch gesehen – zum Ziel führt, und dennoch »empfindet« er sein Tun als richtig. Er kann seine Empfindungen nicht logisch erklären. Dieser Mensch handelt nach einer inneren Steuerung, nach einem unerklärlichen Drang und Instinkt (unbewusster Zwang) zu tun, was er tut. In *jeder* Tätigkeit und in jeder Situation liegt die Möglichkeit, zu neuen Erkenntnissen zu kommen. Erkenntnisse eröffnen immer wieder neue Horizonte. Hat der Mensch einen Berg erklommen, kann er weiter sehen. So kann es sein, dass ein Mensch auf eine völlig unlogische Art und Weise zu seinem Ziel kommt. Es gibt viele Menschen, die sich in beruflichen Positionen bewährt haben, ohne dass sie eine entsprechende Ausbildung (Studium / Schule) absolviert hatten. Nicht das, was ein Mensch intellektuell erfasst hat, wird ihm Erfolg bringen, sondern das, was er mit seiner Intelligenz (Intellekt, Logik und Gefühl) nachvollziehen kann, also das, was für ihn selbst wahrhaftig Sinn macht. Der Mensch wird erreichen, woran er fest glaubt. Der Mensch wird in Dingen erfolgreich sein, die er sich wirklich selbst zutraut. Hat ein Mensch seine wahren Fähigkeiten noch nicht erkannt, könnte er folgenden Satz zu seinem Ziel machen: »Ich will das umsetzen, was meinen wahren Fähigkeiten entspricht!« »Am Schluss meines Lebens will ich mehr haben, als zu Beginn meines Lebens.« (Der Mensch kann nur vermehren, was seinem eigenen Potenzial entspricht. Der Mensch gibt, was er ist!) Durch neue, konkrete Vorstellungen wird er neue Angebote erhalten. Der neugierige Mensch ist offen und bereit, neue Wege zu gehen. Menschen, die am Bestehenden festhalten, können sich nicht wirklich weiterentwickeln. Die Verwirklichung neuer Vorstellungen ist immer mit einem gewissen Risiko verbunden. Bestellt sich ein Mensch Neues für sein Leben, muss er bereit sein, das Neue zuzulassen. Sobald der neugierige Mensch das Angebot annimmt, stellt er fest, dass die angebotene Tätigkeit ihm »liegt« (in ihm bereits vorhanden ist). Er hat ausgerufen und er wird berufen! Viele Menschen haben Berufe gelernt, die nicht ihrem wahren Können entsprechen und dennoch müssen sie mit dieser Situation Erfahrungen machen, die ihnen neue Erkenntnisse bringen. Manchmal sind Menschen gezwungen, Tätigkeiten auszuführen, die sie in einem anderen Leben verpönt haben. Was ein Mensch verabscheut, das hat er als negativ beurteilt. Beurteilungen müssen irgendwann aufgelöst werden.

Das Leben ist die Erfahrung von Können und Versagen. Verlust erfahren Menschen, wenn sie ziellos sind. Hat ein Mensch kein Ziel, verbraucht er seine Energie sinnlos. Steckt ein Mensch »seinen Kopf in den Sand«, wird ihn dies sicher nicht vor der befürchteten Realität bewahren. Er hat höchstens Sand in den Augen und seine Kehle trocknet aus. Der Sand entzündet die Augen und der Durst muss gestillt werden. Menschen wollen häufig ihre eigene Realität nicht sehen oder sie ertränken sich im Selbstmitleid. Der Durst nach Leben und Überleben führt viele Menschen dazu, einen »über den Durst« zu trinken, weil sie mit ihrem täglichen Elend nicht fertig werden. Der Alltag steht einem sozusagen »bis zum Hals«. Menschen verstummen mit der Zeit, weil ihnen das Leben im Hals stecken bleibt.

Falsche Ziele – karmische Konsequenz

Zielvorstellungen, die zur Absicht haben, Mitmenschen etwas wegzunehmen, bringen sicherlich keinen wirklich dauerhaften Erfolg. Man will dem anderen den Erfolg stehlen und erkennt nicht, dass für jeden das Gleiche möglich ist und jeder selbst aus der Fülle des Universums unendlich schöpfen kann. Diebe sind im Mangel gefangen. Oft haben Unternehmen nur ein Ziel, den Konkurrenzunternehmungen Marktanteile wegzunehmen. Wahrer Unternehmergeist ist führend und muss anderen Mitstreitern nichts wegnehmen. Baut ein Mensch / ein Unternehmen seinen Erfolg auf dem Schaden eines anderen auf, so wird dies auf Dauer kein Glück bringen und seinem eigenen Unternehmen selbst schaden. Anstatt danach zu streben, anderen etwas wegzunehmen, sollte man eher die eigenen Leistungen kundengerecht verbessern. Der Erfolg des anderen sollte Ansporn sein, die eigenen Leistungen zu optimieren und fortschrittlich auszubauen. Das Tun des anderen könnte das eigene Tun anregen und weiter inspirieren. Auch sind Unternehmungen, die ihren Gewinn auf dem Schaden der Belegschaft vermehren, auf Dauer dem sicheren Untergang geweiht. Leben und leben lassen! Dieser Grundsatz sollte nie vergessen werden. Daher sind faire Löhne und faire Preise Grundvoraussetzung. Solange

Unternehmen ihren Unternehmensgewinn rücksichtslos auf Kosten schwächerer Mitglieder realisieren, solange wird die soziale Ungerechtigkeit weiter betrieben. Dieser Unmut führt irgendwann zur Revolution. Man sollte bedenken, dass Mitarbeiter auch Kunden sind. Nimmt man diesen ihre Existenzgrundlage, so zerstört man dadurch die eigene Existenz. Man könnte glauben, dass man meint, die Produkte an Roboter und Maschinen verkaufen zu können. Solange Menschen mit Arbeit ihre Existenz haben, solange können auch Geschäfte existieren. Der Gewinn des einen wird zum Gewinn des anderen.

Erinnern sich die Menschen wieder an ihren göttlichen Ursprung und begreifen sie, dass alle Menschen, also die ganze Schöpfung miteinander verbunden sind, werden sie beginnen, die kosmischen Gesetze selbstverständlich zu befolgen. Geben und Nehmen bringt wahren Reichtum. Das Wort Gebet bedeutet eigentlich ***gebet***!

Nachstehend finden Sie eine Anleitung, wie ein **grundsätzliches** *und ganzheitliches Lebensziel erstellt wird und wie ein inneres Lebensziel aussehen könnte. Übernehmen Sie dieses nachstehend aufgezeichnete, ideale Lebensziel, ohne dass diese Worte für Sie einen klaren Sinn machen, wird dies sicher schon einmal eine positive Lebensveränderung bringen. Doch eine wahre Veränderung wird es Ihnen bringen, wenn*

Sie die Wahrheit dahinter auch ***gefühlsmäßig*** *verstanden und begriffen haben. Mit zunehmendem Maße wird positive Energie in Ihr Leben einströmen. Lassen Sie sich tragen und das Wunder erleben. Wenn Sie sich wirklich die Zeit nehmen und wenn Ihnen die Worte wirklich mit allen Sinnen (Gefühl, Verstand, Vertrauen, Wissen) bewusst sind, wird dies Ihr Leben dauerhaft auf eine positive Art verändern. Sie entscheiden selbst, mit Ihrem Gefühl und mit Ihrem geistigen Verständnis, wie viel Sie von dieser positiven Energie aufnehmen können und wollen!*

Erstellen eines ganzheitlichen Lebensziels

(Methode)

Ein Ziel/Lebensziel sollte immer positiv und schriftlich formuliert werden. Das geschriebene Wort ist der klare Spiegel der Gedanken und Gefühle. Das geschriebene Wort macht deutlich, was wahrhaftig ist. Negative Formulierungen sollten vermieden werden. (Die Worte nicht, kein, nie, ohne usw. sollten nicht vorkommen. *Sagen Sie z. B. nie »ich will keine Kopfschmerzen mehr haben«, denn dies könnte dazu führen, dass Sie Ihren Kopf verlieren! Sagen Sie »ich will einen klaren, gesunden Kopf haben«.*) Der Mensch sollte vor der definitiven Bestimmung bewusst über die Folgen des angestrebten Zieles nachdenken.

Bei der Festlegung eines **grundsätzlichen** Lebenszieles sollte das, was bereits »gut« ist, miteinbezogen werden und das, was »schlecht« ist, neu überdacht und bestimmt werden. Das Erkennen der positiven Seiten der Gegenwart löst Dankbarkeit und Freude aus. Nicht alles ist schlecht, doch viele Menschen sehen immer nur das Schlechte und schätzen das bereits vorhandene Gute nicht. Menschen sehen häufig nur die Dinge, die fehlen und lassen dabei ihre vorhandenen Schätze unbeachtet. Die Missachtung führt zum Verlust. Durch die Einschätzung werden die positiven Dinge wieder er*in*nert und somit bleiben die guten Zustände weiterhin erhalten. Die schlechten Situationen müssen gedanklich umgestaltet werden. Der Mensch muss festlegen, was er will und nicht, was er nicht will. Viele Menschen können genau sagen, was sie alles nicht mehr wollen, aber sie wissen nicht, was sie stattdessen wollen. Dadurch bleibt dieser mangelhafte Zustand / diese Tatsache erhalten. Menschen betonen häufig nur die Mängel. Sie betonen, was ihnen alles fehlt und sie vergessen dabei, was sie bereits alles besitzen. Irgendwie ist es nie genug. Und wenn sie all dies nicht mehr hätten, was sie nicht mehr wollen, wäre ihr Leben plötzlich total leer. Auch »schlechte Zustände« sind Zustände, die dem Leben Inhalt geben. Der Mensch erhält, was ihm zusteht. Mangelhafte Zustände zwingen Menschen zu handeln. Die mangelhafte Gegenwart löst den Wunsch nach Verbesserung aus. Man weiß, wie schlecht es schon ist und sehr viel schlechter kann es auch nicht mehr werden. Man ist schon zufrieden, wenn es wenigstens so bleibt, wie es ist. Aber nichts bleibt gleich. Jeder Tag, jeder Augenblick wird immer wieder neu erschaffen. So wird sich das, was ist, mit der Zeit verstärken. Fühlt sich ein Mensch schlecht, so kommt ihm auch nichts Besseres in den Sinn. Menschen, die im Mangel bewusst sind, können sich Fülle nicht mehr vorstellen. Nun benötigen sie Hilfe. Ein positiver Ratgeber wird negativen Menschen helfen, aus ihrer Misere herauszufinden. »Man braucht neue Ideen!« Im Jetzt wird das Morgen bestimmt! So werden neue Gedanken neue Gefühle hervorbringen und Glück, Gesundheit und Erfolg werden dementsprechend sein.

Menschen denken jeden Tag über ihr Leben nach und sie kommen doch nicht auf ein klares Resultat. Ihnen schwirren Tausende von Gedanken durch den Kopf. Und jeden Tag »hört« man zudem auch noch neue Theorien und Meinungen. Die Informationsflut verwirrt die Menschen. Kaum haben sie sich zu einer Erkenntnis durchgerungen, werden sie schon wieder von einer neuen Theorie verunsichert. Es fällt ihnen schwer, klar zu denken und einen »kühlen Kopf« zu bewahren. Das Nachdenken ist eher ein »Hirnen«, als dass man dies als klares Denken bezeichnen könnte.

Ein klares Lebensziel sollte schriftlich abgefasst werden. Durch das Aufschreiben werden die Gedanken in den Worten klar sichtbar. Das Aufschreiben verhindert ein Aus- und Abweichen. Man sieht förmlich, wie man denkt.

Die vier Grundthemen des Lebens sind **Gesundheit** (Lebenskraft), **Partnerschaft** (Liebeskraft), **Beruf** (Geisteskraft) und **Geld** (Antriebskraft). Über diese vier grundsätzlichen, natürlichen Lebensthemen sollte sich jeder Mensch selbst bewusste Gedanken machen. Um Klarheit und innere Sicherheit über das angestrebte Ziel zu erhalten, sollte der Mensch wie folgt vorgehen:

Der zielstrebige Mensch macht sich Gedanken über sein Leben (Idee) und er schreibt (Tat) diese Gedanken auf. Die neuen Gedanken machen sein Leben neu. Der Gedanke ist Geist, das Wort ist Form und so ist es nur eine Frage der Zeit, bis seine gedanklichen Formulierungen Realität sind.

Jeden Tag setzt man sich hin und nimmt sich **40 Tage lang jeden Tag 20 Minuten Zeit,** sich mindestens über die vier Grundthemen Gedanken zu machen. Dabei hat man lediglich 20 Minuten Zeit zur Verfügung. Damit diese Zeit nicht überschritten wird, sollte man einen Wecker stellen, der daran erinnert, dass die Zeit abgelaufen ist. In diesen 20 Minuten sollte man sich ganz konzentriert mindestens den vier Grundthemen widmen. Man kann auch weitere Themen dazunehmen. Diese 20-minütige Besinnungszeit sollte durch nichts unterbrochen werden (kein Gang zur Toilette, kein Gang in die Küche und kein Telefongespräch). Sollte der Mensch während dieser 20 Minuten in seinem Tun unterbrochen werden, muss er nochmals beginnen. Diese 20 Minuten *müssen* ohne Unterbrechung durchgeführt werden und der Mensch sollte sich nicht ablenken lassen. Wenn er sich bereits bei diesen 20 Minuten ablenken lassen würde, wäre er in Wahrheit auch nicht in der Lage, überhaupt ein Ziel zu erreichen oder seinem angestrebten Ziel treu zu bleiben. Er würde sich leicht durch irgendwelche Unwichtigkeiten von seinem angestrebten Vorhaben abbringen lassen. Die Beschränkung auf 20 Minuten verhindert, dass man sich ausweichen kann. Man setzt sich ungestört hin und ***über***legt die eigene Situation und schreibt so viel wie möglich auf. Wie ist die gegenwärtige Situation und wie soll das zukünftige Leben sein? Man schreibt seine gedanklichen Vorstellungen innerhalb dieser 20 Minuten auf. Der persönliche Wille ist das höchste Gesetz im Universum. Jeden Satz beginnt man mit der Formulierung »**Ich will**, ich kann...« / »Ich will, ich habe...« / »Ich will, ich bin...«. Durch die Formulierung »Ich will« findet eine Strukturierung im Unterbewusstsein statt und die ganze energetische Ausstrahlung ändert sich dadurch augenblicklich. Diese Um-/Strukturierung des eigenen Unterbewusstseins kann niemals von außen in Gang gesetzt werden, sondern nur durch den eigenen Willen. Das Unterbewusstsein reagiert nur auf den eigenen Befehl, auf den eigenen Willen, und diesen Befehl nimmt es nur von der eigenen Stimme entgegen.

Während 40 aufeinander folgenden Tagen werden immer wieder die gleichen Themen bearbeitet. In 20 Minuten muss ein ganzheitliches, komplett abgeschlossenes Lebensziel festgelegt werden. Anschließend legt man das Geschriebene auf die Seite. Am nächsten Tag beginnt man alles wieder von vorne. Man kann und wird mit der Zeit jeden Tag das Gleiche aufschreiben. Dies verstärkt das Bewusstsein und formt den eigenen Willen. Das Bestimmen des Lebenszieles erfolgt handschriftlich und nicht am Computer oder mit der Schreibmaschine. Schreibt ein Mensch »von Hand«, handelt, denkt und fühlt er gleichzeitig. Sein Tun ist sozusagen persönlich. Man hat genau 20 Minuten Zeit, ein vollständiges, umfassendes, ganzheitliches Lebensziel aufzuschreiben. Dieses wiederholt man jeden Tag aufs Neue und vollständig. Wichtig ist dabei, dass die bereits aufgeschriebenen Ziele (Blätter) nicht mehr gelesen werden. Auch sollte man nicht mehr darüber *nach*denken, was man gestern aufgeschrieben hat, sondern man bestimmt jeden Tag, aus seinem Inneren heraus, das Lebensziel neu, so als hätte man noch nie etwas aufgeschrieben. Man bestimmt sein Ziel mit allen Themen jeden Tag wieder komplett. Dabei wiederholen sich höchstwahrscheinlich die meisten Dinge; sie bleiben gleich. Wichtig ist nicht, jeden Tag etwas Neues aufzuschreiben, sondern immer wieder die inneren Vorstellungen sichtbar zu machen. Dabei ist es nur natürlich, dass immer wieder die gleichen Vorstellungen zum Vorschein kommen. Es können sich neue Anregungen und Änderungen während dieser 40 Tage ergeben. Die Wiederholungen sind ein Test, ob man müde wird, seinen Vorstellungen treu zu bleiben. Die Wiederholungen verstärken das Bewusstsein. Das Lebensziel »brennt« sich sozusagen ins Gedächtnis. Meist verändern sich die »Dinge« des Alltags schon während der Zeit des Aufschreibens. Je mehr der Mensch darüber nachdenkt, wie sein Leben eigentlich ist und wie es sein soll, umso mehr Ideen werden ihm zukommen. Selbst wenn der Mensch nach ein paar Tagen fast auswendig weiß, was er nun will, muss er seine Vorstellungen trotzdem 40 Tage lang unbeirrt aufschreiben. Er darf sie nicht abschreiben (kopieren), sondern sie müssen in seinen Gedanken immer wieder neu formuliert und erstellt werden. Diese Formulierungen können gleich sein, müssen es aber nicht. Durch das »handschriftliche Festlegen« der eigenen Gedanken und Gefühle verändert sich die gesamte Schwingung eines Menschen. Dadurch »zieht« er augenblicklich neue Menschen, Umstände und Situationen an. Seine Sichtweise verändert sich. Ihm werden die wesentlichen Dinge seines Lebens klar.

Wichtig ist es, beim Bestimmen des Lebenszieles, darauf zu achten, dass man sich nicht auf die derzeitigen Mängel konzentriert, sondern dass auch die Bereiche beachtet werden, die bereits optimal funktionieren. Dadurch gibt man diesen »guten« Dingen wieder Aufmerksamkeit und Wertschätzung. Der Mensch erkennt, was in seinem Leben bereits funktioniert. Er freut sich darüber, weil er erkennt, dass es auch viele positive Dinge in seinem Leben gibt. Oft erkennen Menschen erst, was sie gehabt haben, wenn sie es verloren haben. Es geht vor allem darum, alle Bereiche und alle Dinge bewusst und klar zu erkennen und zu bestimmen. Der Mensch sollte dabei immer den maximalen Zustand, den er sich vorstellen kann, anstreben. »Man muss das Unmögliche für möglich halten, damit es möglich wird!« Dies erklärt den Spruch: »Der Glaube kann Berge versetzen!« Menschen sollten nach den Sternen greifen, um zu wachsen. (Bücken macht Rückenschmerzen und den Menschen klein.) Der Mensch muss lediglich in seinem inneren Glauben unerschütterlich sein. Es ist ratsam, dass er seine inneren Vorstellungen nicht weitererzählt, denn negativ denkende Menschen könnten die gedanklichen Vorhaben durchkreuzen. Erzählt ein Mensch von seinen Träumen und Zielen, kann, wenn der Zuhörer seine Zweifel anbringt, dies die ganze Sache erschweren, ja im schlimmsten Fall sogar unmöglich machen. Das Lebensziel sollte vertraulich behandelt werden, damit man vor äußeren, unbeabsichtigten Einflüssen geschützt ist.

Jeder Mensch sollte sich jeden Tag für die schönen und guten Dinge bedanken. Viele Menschen wissen die Dinge erst zu schätzen, wenn sie diese nicht mehr haben. Dann trauern sie ihrer Vergangenheit nach und sie »beweinen« die guten Jahre. Würde ein Mensch das Gute in seinem Leben schätzen und es jeden Tag erinnern, würde er es auch nicht mehr verlieren. Menschen schauen in den Spiegel und sie bemängeln die kleinen Schönheitsfehler und sie werden zunehmend hässlicher. Jetzt, genau jetzt, ist der richtige Moment Danke zu sagen und sich zu freuen!

Stellen Sie sich selbst die folgenden Fragen:

Wie ist meine gegenwärtige Situation (im Bereich Gesundheit, Partnerschaft, Beruf, Geld, materielle Umstände)? Wie fühle ich mich? Was finde ich gut in meinem Leben? Was will ich verändern? Was macht mir Angst? Wie nehme ich mich selber wahr? Was ist gut? Was finde ich schlecht?

Nachstehend finden Sie einige Anregungen zu einem wahrlich ganzheitlichen Lebensziel. Doch schreiben Sie diese nicht einfach ab, sondern vergleichen und optimieren Sie Ihre aufgeschriebenen Vorstellungen am Ende der 40 Tage.

Beispiele – Anregungen zu den vier grundsätzlichen Lebensthemen

Gesundheit / Schönheit: Ich will immer gesund sein und bleiben. Ich bin gesund an Körper, Geist und Seele. Ich will immer ein gutes Herz-/ Kreislaufsystem haben. Ich habe ein gutes Herz-/ Kreislaufsystem. Ich will immer ein gutes Bindegewebe haben. Ich habe ein gutes Bindegewebe. Ich will, resp. ich habe gute Venen. Ich will, resp. ich habe ein optimal funktionierendes Hirn. Ich will, resp. ich habe immer einen gesunden, gut funktionierenden Darm. Ich will immer einen optimal funktionierenden Bewegungsapparat haben usw. Schönheit ist Selbstbetrachtung. Ich will immer gut aussehend sein. Ich will immer schön sein. Ich will immer in einem schlanken, beweglichen Körper leben. Ich bin beweglich. Ich bleibe jung und gesund. Ich will dauerhaft von ... geheilt sein. usw. usw.

Partnerschaft: Bei der Vorstellung einer Partner*schaft* sollte das gemeinsame Zusammenleben beschrieben werden und nicht, wie der Partner funktionieren sollte. Oft haben Menschen »äußere Bilder« von einem Partner. Man sollte keinen neuen Menschen entwerfen, sondern man sollte die Qualität und das Resultat eines gemeinschaftlichen Lebens bestimmen. »Versucht« man einen Menschen für eine bestimmte Funktion zu erschaffen / zu beschaffen, wird dieser folglich zum

Objekt. Ein »Objekt« muss nach einem bestimmten Schema funktionieren. Verhält sich das »Objekt« nicht so, wie erwartet, wird es kurzerhand wieder »abgeschafft« oder ausgetauscht. Viele Menschen glauben, dass sie die wahre Liebe nicht finden können und deshalb entscheiden sie sich für einen Partner, der einen bestimmten, »lohnenden« Zweck erfüllt (finanzielle Stütze, Haushaltshilfe, immer verfügbarer Sexpartner/in, Hauswirtschafterin, Haushälterin, Erzieherin usw.). In einer liebevollen, bereichernden Partnerschaft werden die inneren und äußeren Werte beider Partner zum Vorschein gebracht. Wenn sich zwei Menschen lieben, gefallen sie sich auch. Diese Bestimmung könnte wie folgt aussehen:

Ich will immer in einer Partnerschaft leben, in der man sich beidseitig liebt. Ich will eine Partnerschaft haben, in der man miteinander das Leben genießen kann. Ich will in einer Partnerschaft leben, in der man miteinander gute Gespräche führt. Ich will in einer Partnerschaft leben, in der Gedanken und Gefühle gegenseitig ausgetauscht, beachtet und weiterentwickelt werden. Ich will in einer geistig und gefühlsmäßig anregenden Partnerschaft leben, in der beide Seiten erfüllt und bereichert sind. Ich will in einer Partnerschaft leben, in der man sich gegenseitig stärkt und stützt. Ich will in einer Partnerschaft leben, in der gegenseitiges Vertrauen, Bewunderung und Lust immer wieder erlebt werden. Ich will in einer Partnerschaft leben, in der man sich gegenseitig immer wieder neu inspiriert und in der man sich gegenseitig anregt (*und nicht aufregt!*) usw. Ich will in einer Partnerschaft leben, in der sich beide Partner auf ihre eigene Art und Weise weiterentwickeln und entfalten können usw.

Beruf: Beim Thema Beruf ist es nicht notwendig zu wissen, **was** man machen will, sondern **wie**. Es ist wichtig, die Arbeitsweise und das Ziel der Tätigkeit (Resultat) zu bestimmen.

Ich will eine Tätigkeit haben, in der ich mein ganzes berufliches Potenzial gewinnbringend, mit großer Anerkennung und mit steigender Tendenz erfolgreich einsetzen und verwirklichen kann. Ich will Erfolg haben (mein Tun hat Folgen!). Ich erziele mit meinem Tun großen Gewinn. Meine Tätigkeit bereichert mein Leben und so bin ich eine Bereicherung für diese Welt. Ich bin fähig, neue Ideen, Dinge und Methoden zu entwickeln, die allen Menschen Wohlstand bringen. Ich will selbstständig und selbstverantwortlich sein. Ich will mit meinem Tun Freude bereiten. Ich will meine Zeit selbst einteilen und mitbestimmen. Ich will mit meiner Tätigkeit positive Spuren hinterlassen. Ich will in meinem Beruf wegweisend für andere Menschen sein. Ich will mich jeden Tag weiterentwickeln. Ich will eine Tätigkeit haben, die mein Leben in jeder Hinsicht bereichert (Art und Weise der Tätigkeit, Lohn, Mitarbeiter, Thema usw.). Ich will immer mehr Wissen und Können erlangen und ich will dieses Wissen wieder sichtbar und erfolgreich einsetzen können. Ich freue mich jeden Tag, dass ich etwas tun kann usw.

Geld – Finanzen – Materielles: Ich will immer über ausreichende, finanzielle Mittel und Möglichkeiten frei verfügen. Ich will jederzeit frei über meinen finanziellen Reichtum verfügen können. Ich will finanzielle Freiheit. Ich kann jederzeit selbst bestimmen, wie und was ich mit meinem Geld mache. Ich kann meinen Reichtum genießen und auch zum Wohle anderer Menschen einsetzen. Ich will mir alles leisten können, was mir wichtig ist und was mir Freiheit gibt. Ich kann mein Leben in Reichtum und in Freiheit genießen. Ich will materielle Freiheit. Ich will in einem schönen Haus (Zuhause) leben. Ich will ein ... (Auto, Pferd, Schiff, usw.) haben usw.

Äußere Ziele / innere Ziele: Viele Menschen haben nur äußere Ziele. Ein äußeres Ziel strebt eine bestimmte äußere Situation an (ein Haus, eine Firma, eine Familie, eine Reise usw.). Das Problem liegt nicht darin, dass diese äußeren Vorstellungen und Ziele nicht erreicht werden können oder falsch wären, sondern das Problem liegt in der Koordination beim Umsetzen. Hat ein Mensch das Ziel, ein bestimmtes Haus in einer bestimmten Lage zu haben, kann es sein, dass er dieses Haus haben könnte, aber dass er zum Zeitpunkt des Angebotes den Kaufbetrag genau in diesem Moment nicht zur Verfügung hat. Oder er hat das Geld (flüssig), aber er findet kein passendes Haus am angestrebten Ort.

Oder: Der Mensch hat eine bestimmte Tätigkeit (Funktion / Firma / Position) zum Ziel. Nun könnte er diese Position bekommen, aber er kann den Wohnort nicht verlassen, weil sein Kind die Schule nicht wechseln kann. Diese Aufzählung könnte man endlos fortsetzen. Nur äußere Zielsetzungen scheitern an äußeren Umständen. Die Wahrheit und die Wahrhaftigkeit entstehen im inneren Sein. Was innen ist, wird sich sicher und klar außen erfüllen. Damit die äußeren Vorhaben und Ziele übereinstimmend gelebt werden können, braucht es die innere Vorstellung einer ganzheitlichen Lebensqualität. Ein innerer Zustand ist z. B. Gesundheit, Freude, Leichtigkeit, Liebe, Hoffnung usw. Daher wird nur ein innerer Zustand (inneres Ziel) die äußeren Umstände koordinieren. Man kann die gewünschten Dinge nur dann wirklich genießen, wenn diese optimal koordiniert eintreffen. Andernfalls hat man aufgeschrieben: »Ich will ein Haus am See mit großem Garten.« Damit hat man aber noch nicht gesagt, zu welchem Zeitpunkt und zusammen mit welchen anderen Wünschen das Gewünschte eintreffen soll. Vielleicht haben wir das Haus, aber wir sind vielleicht bereits in einem hohen Alter und wir haben kaum noch Zeit, das gewünschte Haus wirklich noch lange zu genießen.

Auf andere Gedanken kommen

Fühlt sich ein Mensch schlecht, so kann er kaum positive Gedanken haben. Man könnte meinen, dass Menschen, die Probleme haben, sich leicht vorstellen könnten, ohne diese Probleme zu sein. Dies ist ein wahrlicher Irrtum. Man ist in eine schlechte Lebenssituation geraten, gerade weil man dementsprechende Gedanken hatte und immer noch hat. Lebt nun ein Mensch längere Zeit mit seinen Problemen, so kann er sich ein Leben ohne diese Probleme ganz einfach nicht mehr selbst vorstellen. Da braucht es »guten Rat« oder zumindest positive Gedankenanstöße, die dem Leben neuen Sinn geben. Eine neue Vorstellung bringt Veränderung ins Leben.

Im Weiteren folgen viele mögliche, positive, nachhaltig wirksame Denkanstöße. Sie sehen nachstehend, wie ein ganzheitliches Lebensziel, resp. eine ganzheitliche, bestimmte Lebensqualität aussehen könnte. Diese Sätze bestimmen die Qualität, aber sie nehmen dem Menschen nicht die individuelle Wahl. Jeder Mensch ist individuell und so wird sich bei jedem Menschen das Resultat dieser ganzheitlichen Formulierung anders zeigen.

Ganzheitliches Lebensziel

Überschrift:
Lebensziel von (Vorname,
Nachname), geb. (Geb.-Datum)

Ich will – ich habe Gesundheit, Erfolg und Wohlbefinden physisch, seelisch, geistig und materiell – auf jeder Ebene und in jedem Bereich meines Lebens.

Ich will – ich habe und ich lebe in einer Partnerschaft, die auf gegenseitige / beidseitige Liebe, Respekt, Vertrauen, Lust, Freude, Humor, Wissen, Weisheit, Leichtigkeit, Attraktivität, Achtsamkeit, Wertschätzung und Bewunderung aufgebaut ist.

Ich will – ich habe finanzielle und materielle Freiheit. Ich bin jederzeit reich an finanziellen Mitteln, materiellen Möglichkeiten und ich genieße mein Leben im Luxus.

Ich will – ich kann meine Chancen und Möglichkeiten optimal und erfolgreich nutzen.

Ich will – ich kann meine Fähigkeiten, Begabungen und Talente jederzeit hervorbringen und ich verwirkliche diese ***sicht***bar, erfolgreich und gewinnbringend.

Ich vermehre meine Begabungen mit steigender Tendenz und mit optimalsten Resultaten und zum Wohle meiner Seele und meiner Umwelt.

Ich will – ich habe innere und äußere Schönheit.

Ich will – ich *vermittle* meinen Kindern (*Name*) in meiner Funktion als Mutter / Vater und als Mitmensch *alles* (physisch, seelisch, geistig und materiell), was sie zu einem gesunden und erfolgreichen Leben führt. Ich gebe Liebe und ich erhalte Liebe. Ich gebe Freude und ich erhalte Freude. Ich handle zu jeder Zeit im Sinne meines göttlichen Seins.

So ist es!

Termin: Bis spätestens am (Datum in 10 Jahren) habe ich dieses Ziel vollständig und vollumfänglich erreicht.

Datum ***Unterschrift***

Ritual

Das umfassende, grundsätzliche Lebensziel legt man für den Zeitraum von 10 Jahren fest. Man macht sozusagen einen Vertrag mit sich selbst. Durch die schriftliche Festlegung ist die grundsätzliche Lebensqualität für die nächsten 10 Jahre programmiert. Ansonsten müsste man die Bestimmung täglich wiederholen. Die schriftliche Festlegung bestimmt nun automatisch dauerhaft und ohne Unterbrechung die Lebensqualität der Zukunft. Nach Ablauf der 10 Jahre muss man ein neues Buch anlegen. Diese grundsätzliche Formulierung kann auch wieder für die nächsten 10 Jahre übernommen werden; sie stimmt immer und für alle Menschen, da sie ursprünglich ist. Doch wird die Formulierung nicht bei allen Menschen in den gleichen Äußerlichkeiten zum Ausdruck kommen. Durch die Bestimmung dieser Lebensgrundsätze, die jedem Menschen wichtig sind und die jeder Mensch im tiefsten Innersten anstrebt, aber oft nicht selbst formulieren kann, wird dem Menschen der Alltag wieder voll bewusst. Diese Bestimmung bringt Missstände zu Tage, damit diese nun aufgelöst werden können. Durch die klare, bewusste Bestimmung wird der Mensch nun gewarnt, sobald er eine Entscheidung treffen würde, die ihm das Gegenteil einbringen würde (Krankheit, Verlust, Zwang usw.). Diese magische Formulierung ist wie eine Art Filter, der alles ausfiltert, was das Leben erschweren würde. Sollte nach der Festlegung des Lebenszieles irgendeine Schwierigkeit auftreten, so bedeutet dies, dass sich ein altes, lange im tiefsten Innersten schlummerndes Problem endgültig auflöst. Alles, was hinderlich ist, wird sich nach und nach endgültig auflösen. Auch übernommene Ängste (Prägung durch das Umfeld / Kindheit / Schule / Systeme usw.) und gedankliche Fremdbestimmungen werden bewusst und durch die Neubestimmung entfernt. Die Heilung kann beginnen.

Die beste Zeit für die schriftliche Festlegung der Lebensprogrammierung ist in der Zeit von 20.00 – 4.00 Uhr (nachts »scheint« die geistige Sonne). Kaufen Sie sich ein schönes Buch. Sie legen ein Lebensbuch an. Zünden Sie eine Kerze an, untermalen Sie den Vorgang mit einer schönen Musik und schreiben Sie die wesentliche Formulierung (inkl. Überschrift und Unterschrift) in Ihr Lebensbuch. Nun ist das wesentliche Programm festgelegt. Während der kommenden 10 Jahre können Sie ganz konkrete Wünsche, Vorstellungen und Programmierungen in Ihr Lebensbuch schreiben. Vermeiden Sie Wiederholungen, da diese Zweifel zum Ausdruck bringen. Behalten Sie Ihre Programmierung für sich. Sobald sich »etwas« erfüllt hat, dürfen Sie dies gerne anderen Menschen mitteilen. Achten Sie genau auf die Formulierungen. In Ihrem Lebensbuch sollten keine Korrekturen gemacht werden. Entwerfen Sie Ihre Vorstellung zuerst, überprüfen

*Sie diese ganz bewusst und sobald Sie sicher sind, schreiben Sie den Wunsch in Ihr Buch. Sobald sich eine Vorstellung erfüllt hat – bedanken Sie sich. Sie werden »**bestimmt**« reich belohnt. Viel Erfolg!*

Um das Lebensziel zu aktivieren, sollten Sie diese Sätze bewusst – am besten vor dem Schlafen gehen – während der ersten 3 Monate 1x wöchentlich (laut) lesen. So kann sich der neue Lebenszustand sozusagen über Nacht manifestieren. Manchmal muss man eine Nacht »darüber« schlafen, bevor die Veränderung wirksam wird. Durch die gedankliche und gefühlsmäßige Vorstellung und durch die Vorfreude beim Lesen des geschriebenen Lebenszieles wird der ganze Prozess (Lebensbestimmung) wesentlich beschleunigt und ein Resultat ist in kurzer Zeit sichtbar. Je umfassender der Mensch (Verstand und Gefühl) diese Worte verstehen kann, umso schneller kann er die Energie, die dahinter verborgen ist, aufnehmen. Das Resultat ist ein Leben in Freiheit und ohne jegliche Beschränkung und Angst.

Erklärungen und Erläuterungen zum »inneren Lebensziel«

Menschen haben Worte in einer bestimmten Weise über ihren Verstand abgespeichert. Sie »meinen« die Bedeutung des Wortes verstanden zu haben und sie denken nicht weiter darüber nach. Dies schränkt das Verständnis ein, da viele Worte nicht vollumfänglich und ganzheitlich im wahrsten Sinn verstanden werden und führt zum Unverständnis über die Wirkung. Hat ein Mensch den Sinn wahrlich verstanden, so fällt ihm die Umsetzung leicht. Er muss sich zu nichts mehr zwingen. Allfällige Zweifel lösen sich durch gründliches Nachdenken auf. Nachstehend finden Sie Erklärungen zur wesentlichen Lebensprogrammierung.

Überschrift: Die Überschrift »***Leben***sziel von... Vorname / Name, Geb.-Datum« ist wichtig. Die so formulierte Überschrift beinhaltet in Wahrheit drei Botschaften:

- Klare Aussage: **WER** dieses Ziel will. Man »steht« mit seinem Namen persönlich zu seiner Bestimmung.

- Ein Ziel ist eine einmalige Sache. Ein Lebensziel zu haben bedeutet, den bestimmten Lebenszustand immer wieder so erleben zu wollen. Die so bestimmte Lebensqualität soll sich aus allen Taten immer wieder neu in dieser Art ergeben. Dieses Lebensziel ist eine bestimmte, innerlich vorgestellte Lebensqualität, die sich jeden Tag immer wieder aufs Neue so erschaffen soll. Das Leben erschafft sich immer wieder neu.

- Die Überschrift beinhaltet eine unterbewusste Mitteilung an die Gesellschaft / Umwelt: »Ich will so leben, du kannst leben, wie du willst.« Man gibt sich nicht als Missionar und Heiliger, der den andern sagen muss, was sie tun sollen / sollten / müssten. Jeder kann so leben, wie er es für richtig hält. Das eigene Glück ist ebenso wenig abhängig davon, ob andere Menschen im Umfeld auch glücklich sind. Jeder Mensch muss die Verantwortung für sein Tun übernehmen und er sollte sich nicht über sein Schicksal beklagen. Jeder ist seines eigenen Glückes Schmied. Jeder Mensch sollte auch jedem anderen Menschen zugestehen, dass jeder das Recht hat, zu machen, wie er will. Die Überschrift heißt, ich bestimme für mich und ich lasse dir deine Bestimmung.

Gesundheit

Was ist Gesundheit? Wie erreichen / erhalten wir Gesundheit? Gesundheit ist eine Frage des Maßes und der persönlichen Qualität. Gesundheit ist ein Sein ohne Mangel. Jeder Mensch ist ein »Produktionsapparat« (Körper-Seele-Geist). Damit dieser Produktionsapparat optimal funktioniert, braucht er die richtige Nahrung, in der richtigen Zusammensetzung, im richtigen Maß und zum richtigen Zeitpunkt. Jeder Mensch braucht physische, seelische und geistige Nahrung. Die Zusammensetzung, der Zeitpunkt der Nahrungsaufnahme sowie das persönliche Maß und das persönliche Bedürfnis nach bestimmter Nahrung erhalten das eigene Wohlsein. Jeder Mensch hat ein eigenes, individuell abgestimmtes Nahrungsbedürfnis. Das heißt in der Praxis: Was den einen Menschen gesund macht, resp. erhält, muss nicht zwangsläufig für einen anderen Menschen die gleiche »gesunde« Wirkung haben. Sondern es ist durchaus möglich, dass ein anderer Mensch die gleiche Nahrung auf seinem »Produktionsapparat« nicht verarbeiten kann, sondern dass es seine Produktion / seinen Betrieb lahm legt (falsche Energie produziert). Es kann auch sein, dass ein bestimmtes Nahrungs-/ Heilmittel durchaus richtig ist, aber vielleicht stimmt die Dosierung nicht.

Sagt ein Mensch: »Ich will, resp. ich habe Gesundheit...« heißt dies, dass er alle »Dinge« in der Art und Weise und in dem Maß und zum idealen Zeitpunkt anzieht, wie er es JETZT braucht, um optimal aufnehmen, nutzen und funktionieren zu können. Optimal heißt bestmöglich. Das Wesentliche (Lebensnahrung) verwirklicht sich in der optimalen Zusammensetzung. Die so freigesetzte Energie kann man für neue Taten, also zum Weiterleben erfolgreich und gewinnbringend einsetzen und weitererhalten.

Physische Gesundheit: Meist kann sich jeder Mensch einen physischen (optimalen) Gesundheitszustand gut vorstellen, da jeder den Unterschied zwischen gesund und krank auf irgendeine Weise bereits erfahren hat. Jeder Mensch weiß (zumindest ansatzweise), was es heißt, physisch gesund zu sein. Ist ein Mensch krank und er erinnert sich an die Zeit der Gesundheit, wird die »gesunde« Erinnerung den Heilungsprozess beschleunigen. Ein gesunder Geist wird dem Körper Heilung bringen.

Seelische Gesundheit: Seelische Gesundheit bedeutet, dass man z. B. in der Partnerschaft, die Nahrung (Liebe, Gefühle, Zärtlichkeit, Aufmerksamkeit, Respekt, Anerkennung, Bewunderung, Akzeptanz, Wahrnehmung) erhält, die der Seele gut tut. Man erhält das richtige Maß an Zärtlichkeit, Liebe und Aufmerksamkeit und kann diese aber auch an »den Mann, resp. an die Frau« bringen. Die Gefühle dürfen frei fließen. Seelische Gesundheit bringt Wohlbefinden und erhält die Lebensfreude. Durch die seelische Nahrung wird die Produktivität, also die Leistungsfähigkeit im Leben wesentlich gestärkt. Seelische Gesundheit heißt, dass man die Menschen anzieht, mit denen ein gegenseitiger Austausch möglich ist und mit denen ein Zusammensein nicht wieder neuen Mangel hervorbringt. Nach manchen Zusammenkünften sind die Menschen fertig und fühlen sich elend. In der Realität ist es oft so, dass der Mensch enorm viel Zeit, Mühe, Worte, Überzeugungskraft aufwenden muss, um einem anderen Menschen zu erklären, was er will und was er machen sollte. Egal, was er sagt und tut, es wird falsch aufgefasst und somit auch falsch verstanden. Dies führt wiederum auf beiden Seiten zu Frust, Ärger, Kampf, Zeitverschwendung, Enttäuschung und sonstigen unerfüllten Gefühlen. Seelische Gesundheit heißt also, die richtigen Freunde, die richtigen Kontakte zu haben, die den gegenseitigen Austausch möglich machen, sodass dadurch für beide Seiten der Kontakt zur Bereicherung wird. Man tritt sozusagen mit den Menschen in Kon-Takt, die verstehen, mitfühlen und mitdenken, sodass ein gegenseitiger Ausgleich entsteht. Gesundmachende Kontakte beflügeln die Lebensenergie, da sie aus einem bewussten Miteinander genährt wird.

Geistige Gesundheit: Geistige Gesundheit bedeutet, dass man klar denken kann, dass man eine gesunde Auffassungsgabe hat und dass man die Dinge des Lebens verstehen und begreifen kann. Geistige Gesundheit heißt aber auch, dass man gesundmachende Gedanken hat (z. B. ich will, ich kann usw.). Ein mangelhafter Geist entdeckt laufend neue Mängel und Unzulänglichkeiten (ich kann nicht, ich weiß nicht, ich bin dumm, usw.). Ein gesunder Geist ist immer offen und verschließt sich nicht dauernd, da er nicht durch Angst gesteuert ist. Ein gesunder Geist (Denken) erhält gesund, stark und leistungsfähig. Dies bedeutet, dass der Mensch Zugang zu seinem geistigen Potenzial hat und dieses sichtbar und erfolgreich und im Austausch mit anderen Menschen gewinnbringend einsetzen und vermehren kann. Geistige Gesundheit lebt in der Fülle der gegenwärtigen Möglichkeiten. Geistige Gesundheit erhält sich aus der inneren Freude und aus klarem Bewusstsein. Ein »kranker Geist« sucht förmlich nach Problemen und hat seine Beschränkung durch den Verstand.

Gesundheit auf allen Ebenen und in allen Bereichen: Alle Lebensbereiche werden so berücksichtigt. Man hat Zeit für die Familie, für den Beruf, für Frei-Zeit und um Neues zu erlernen. Bei vielen Menschen sind die wichtigen Grundbereiche des Lebens (Gesundheit, Partnerschaft, Beruf, Frei-Zeit, Genuss / Entspannung/Aufnehmen) nicht aufeinander abgestimmt. Vielmehr findet man viele Menschen, die z. B. Erfolg im Beruf haben, dafür leidet aber meist der Bereich

Partnerschaft / Familie darunter. Oder es gibt Menschen, die zwar viel Geld haben, aber dieses nicht genießen können, weil sie krank oder alt sind. Gesundheit auf allen Ebenen und in allen Bereichen heißt, dass keine ***ein***seitige Entwicklung stattfindet, sondern dass der Mensch sich in allen Bereichen *gleichzeitig* bewusst verwirklichen und weiterentwickeln kann. Alle Bereiche können miteinander gelebt werden, sodass man nicht später unter der Vernachlässigung eines Bereiches zu leiden hat. Gesundheit auf allen Ebenen heißt also, dass sich das Lebensniveau in allen Bereichen hebt, sodass eine gesamthafte und umfassende Entwicklung stattfindet. Einseitiges Verhalten und einseitige Lebensweise bringen irgendwann einen sichtbaren und spürbaren Lebensmangel ans Licht. Jeder Mensch wird letztendlich selbst unter diesem erzeugten Mangel leiden und er wird meist den mangelhaften Lebenszustand in diesem Leben nicht mehr beheben können, weil er ganz einfach die Zeit mit einer einseitigen Lebensweise vertan hat (Lebenszeit / Lebenskräfte). Die Mängel muss er später (in einem anderen Leben) wieder gutmachen. Auf jeder Ebene gesund sein heißt, die Gesundheit ist nicht nur oberflächlich, sondern manifestiert sich in allen Schichten des Seins. Gesundheit in jedem Bereich bedeutet, dass überall dort, wo man sozusagen seine Finger »drin« hat, Gesundheit entsteht und nicht, dass man durch die eigenen Taten wieder neue Mängel erschafft.

Irgendwann ist der Mensch alt und er bemerkt, was er alles vernachlässigt hat. Nun bleibt ihm keine Zeit mehr und die Möglichkeiten sind auch nicht mehr da, dass er das mangelhafte Leben noch korrigieren könnte. Viele Menschen verschieben immer wieder Dinge auf später und irgendwann sind sie nicht mehr in der Lage, die anstehenden Dinge des Lebens aufzuarbeiten. Menschen neigen dazu, sich zuerst materiell zu verwirklichen; erst später »wollen« sie sich auch um die inneren Werte kümmern. Dies ist ein großer Trugschluss, weil oft die Zeit dazu fehlt. Solche Menschen haben ihr ganzes Augenmerk nach außen gerichtet (Äußerlichkeiten) und es wird ihnen schwer fallen, nach innen zu schauen. »Sie denken nicht daran!« Menschen, die ihre inneren Werte vernachlässigen, haben im Alter Probleme mit ihren »Äußerlichkeiten«. Eine wahre äußere Freiheit und eine äußere Zufriedenheit gibt es nur durch befreites Denken und Fühlen. Freiheit ist immer zuerst eine innere Einstellung. Der Mensch nimmt am Schluss seines Lebens seine Seele mit und muss alle seine materiellen Werte auf dieser Bewusstseinsebene zurücklassen. Hat er nichts für sein Seelenheil getan, wird er mit einem seelischen Manko sterben und er hat nichts gewonnen, außer dem äußeren Schein, der ihm aber am Schluss nichts mehr nützt. **Ein solcher Mensch nimmt seine innere Leere mit und man kann sich vorstellen, in welchem Bewusstseinszustand er somit in der nächsten Verkörperung beginnt!**

Jede Leere zwingt irgendwann zur Lehre!

Die Erkenntnisse und die Gedanken über sein Leben sind die Schätze des Menschen, die er mitnehmen, also behalten kann. Die Erkenntnisse bilden die Lebensgrundlage für das »nächste / weitere Leben«.

Erfolg

Das Leben ist der größte Erfolg, da es unentwegt wächst und wächst und wächst. Es geht immer weiter, egal ob bewusst und unbewusst. Das Leben hat immer Folgen.

Leben ist natürlicher Erfolg.

Erfolg bedeutet Wachstum und Fortschritt. Das Leben ist Erfolg, weil es unentwegt weitergeht. Er-folgen heißt: Die Tat / das Tun hat Folgen. Erfolg heißt, dass es keine Leere und keinen Stillstand gibt, sondern dass das Leben flüssig und fortschrittlich gelebt werden kann. Das Leben wächst und wächst. Wachstum ist dauernde Veränderung. »Es tut sich was!« Erfolg bedeutet also, der Mensch ist in Bewegung und wird in seinem Tun wahrgenommen. Er bewegt sich, weil er Gewinn, Freude, Reichtum und Anerkennung sucht. Der heutigen Tat folgt morgen die Bestätigung. Erfolg heißt, die Anerkennung für alle geleisteten Taten zu erhalten, und dies ist nicht nur eine dementsprechende finanzielle / materielle Abfindung / Bezahlung, sondern auch eine ideelle Wertschätzung für die vollbrachte Tat. Viele Menschen glauben, dass Erfolg in erster Linie mit Geld und Karrieredenken zu tun hat. Dem ist nicht so. Die automatische Folge von positivem Erfolg ist Geld. Erfolg heißt, dass man mit seinen Taten Spuren hinterlässt und dass die Umwelt sich immer wieder an den Menschen erinnert und seine Taten weitererzählt / weiterträgt. Erfolg haben heißt im Fluss sein und die Chancen und Möglichkeiten der Gegenwart zu erkennen und zu nutzen. Die Sorge um morgen oder gestern fällt weg. Der erfolgreiche Mensch erkennt, was ist – und nicht, was vielleicht einmal sein sollte / könnte! Ein erfolgreicher Mensch lebt nach einer inneren Vision. Erfolg haben heißt ein Echo haben. Das Tun wird doppelt belohnt.

Aber Vorsicht: Eigentlich haben alle Menschen Erfolg, aber der ist in vielen Fällen negativer Art. Auf alles, was ein Mensch denkt, sagt und tut, folgt etwas. Was der Mensch innerlich erwartet, wird er schlussendlich auch erhalten. Viele Menschen erwarten eher eine Absage, als eine Zusage. Erwarten sie dies, werden sie erhalten, was sie erwartet haben. Negativer Erfolg zeigt sich darin, dass ein Mensch mit seinen Fehlern, Fehltritten und mit seinem Versagen wahrgenommen wird. Dies ist bei den Menschen so, die sowieso immer nur nach den Fehlern Ausschau halten. Dies führt zu negativem Erfolg. Man sieht den Abbau von Werten und nicht den Aufbau und die Weiterentwicklung der vorhandenen Werte.

Physischer Erfolg: Physischer Erfolg bedeutet, dass nur *die* Probleme / Schwierigkeiten auftreten, die zeigen, wo der Mensch umdenken soll. Physischer Erfolg bedeutet, dass man bestehende, hinderliche Zustände auflösen und verändern kann. (Physische Probleme sind Ereignisse und Erinnerungen, die sich physisch auch wirklich ereignet haben, wie z. B. Betrug, Ablehnung, Krankheit usw.) Ein Problem heißt: »Schau hin und sei ehrlich zu dir selbst! Ist es wirklich das, was du willst? Schau dich um und schau in dich hinein! Entscheide dich neu! Es gibt noch eine bessere Möglichkeit für dich, als die, die du im Moment hast.« Ein Problem ist ein Hinweis, dass der Mensch in diesem problembeladenen Bereich eine Veränderung (Umdenken) anstreben sollte. Kümmert sich der Mensch um diese problematische Situation, wird er nach neuen Wegen (Ausweg) suchen. Das Suchen wird seinen Horizont erweitern. Er kann an dieser Situation wachsen und stärker werden. Ein Problem heißt, dass der Mensch seine gegenwärtige Situation überdenken und sich neu ent*scheiden* sollte. Er muss eine Prüfung ablegen, wenn er mehr Raum erhalten und bestimmen will. So eine Prüfung (Test) erscheint oft unfair und ungerecht und der Mensch hat das Gefühl, er hätte diese Situation nicht verdient. Keine Situation tritt einfach so auf. Das Leben des Menschen ist das Produkt seiner Gedanken. Das Problem gibt ihm die Chance zu einer Lebensverbesserung! Ein *Pro*blem ist ein Hinweis *für* etwas und nie gegen etwas.

Beispiel einer Prüfung: Ein Mensch wird von seinem Partner betrogen, obwohl er immer treu und zuverlässig, liebevoll und ehrlich zu seinem Lebenspartner gestanden ist. Trotzdem wird er betrogen und belogen. Der Test liegt darin, ob er alles und die ganze gemeinsame Zeit in Frage stellt und ob er bereut, dass er seine Zeit solange mit diesem Menschen verbracht hat. Bereut und beklagt der Mensch (Ego) die Zeit, die Gefühle, die Taten, die Hilfe usw., die er für seinen Partner eingesetzt (»geopfert«) hat, zerstört er damit die ganze gemeinsame Zeit (mit all ihren Leistungen und Geschehnissen). »Du hast alles zerstört, was uns einmal verbunden hat!« Die Vergangenheit war sozusagen umsonst, da der betrogene Partner das Gefühl hat, er hätte seine Zeit (besten Jahre) und Energie verschwendet. Darauf folgt die Wut, der Ärger, der Hass auf den »Betrüger« und man will ihn dafür bezahlen lassen. Wenn schon keine Liebe und Vertrauen mehr da ist, so will man wenigstens materielle, physische Erleichterung haben. Durch die negativen Gefühle blockiert man sich selbst. Der Mensch versagt sich selbst ein neues Glück, Liebe, Lust und Leichtigkeit, weil er sich permanent an den vorgefallenen Betrug weiter erinnert. Häufig müssen alle nachfolgenden Beziehungen unter dem »Fehler« eines ehemaligen Partners leiden und ihn büßen. Man beharrt auf der persönlichen Meinung über die Schlechtigkeit der Männer oder Frauen, da man die gemachte Erfahrung einer ganzen Spezies anlastet. (Alle Männer wollen nur...! Alle Frauen wollen...) **Die vergangene Erfahrung ist gleichzeitig das Vor-Urteil der Zukunft.** Damit bleiben die Menschen in der Negativität gefangen und geben sich selbst keine Chance zur Verbesserung und für ein neues, wahres Glück. Betrogene Menschen erwarten wieder betrogen zu werden. Man ist **nach**tragend! Und weil alle Erwartungen in Erfüllung gehen, wird sich dies wieder erfüllen. Jedem Betrug geht ein Selbstbetrug voraus. Der Mensch hat sich selbst betrogen, indem er sich die Beziehung »schön geredet« hat. Sehr, sehr viele Paare sind nicht aus wahrer Liebe zusammen, sondern aus einer inneren Angst. Man glaubt, dass das, was noch fehlt, sich mit der Zeit einstellen wird. Doch wie kann aus der Leere Fülle entstehen, solange wahres (Selbst-) Bewusstsein fehlt? Menschen leben in Beziehungen und wollen die Tatsachen nicht wahrnehmen, die sie nicht glücklich sein lassen. Man macht sich gegenseitig etwas vor. Man spielt den Liebenden und will irgendwann nur noch seine Ruhe haben. (Du gehst mir mit deinen Wünschen auf die Nerven...) Selbstbetrug führt zu »äußerem«, offensichtlichem Betrug. Selbsttäuschung führt immer zu Enttäuschung.

Physischer Erfolg heißt auch, dass der Körper durch eine Krankheit sein Immunsystem wieder aktivieren kann und dass die Krankheit ganz und für alle Zeiten überwunden und besiegt ist. Der Körper geht gestärkt aus dieser Störung hervor.

Physischer Erfolg bedeutet, dass der Mensch (Ich-Bewusstsein) das Problem / die Schwierigkeit selbst, in ganz kurzer Zeit, lösen kann und dass er »danach« reicher, stärker, schöner, befreit und geheilt ist. Das Leben wird nach der Überwindung des Problems sofort leichter.

In Wahrheit gibt es keine Probleme, sondern nur Chancen. Taucht ein Problem auf, sollte der Mensch nach der Chance suchen und nicht nach »einer Strafe Gottes«. Das Problem weist darauf hin, dass es noch »Besseres« gibt und es hilft, die Chancen wahrnehmen zu können. Dies setzt eine totale Ehrlichkeit zu sich selbst voraus.

Seelischer Erfolg: Seelischer Erfolg bedeutet, dass ein Mensch in der Partnerschaft die gefühlsmäßige Nahrung erhält, die ihn stark und leistungsfähig erhält und dass man in der Partnerschaft weiter wachsen und werden kann. Seelischer Erfolg ist der Austausch zwischen zwei Menschen. Seelischer Erfolg bedeutet, dass zwei Menschen MITEINANDER schneller vorwärts kommen und dass sie das Leben miteinander gestalten und genießen können. Sie spüren einander und helfen sich bei Problemen gegenseitig weiter. **Seelischer Erfolg heißt MITEINANDER fühlen, denken, reden, wachsen, freuen, leben und sich gegenseitig inspirieren.** In der Realität sieht man häufig, dass ein Partner sich »zurücknimmt oder zusammenreißt«, damit der andere seine

Karriere gestalten und vorantreiben kann. Das führt dazu, dass das Niveau (geistige Ebene) zwischen den Partnern schlussendlich nicht mehr stimmt, weil (meist die Frau) ein Partner seine eigene geistige Weiterbildung zurücksteckt und weil die Partner miteinander keinen »geistigen Verkehr« mehr pflegen. Wo Geist fehlt, stirbt das Gefühl und es gibt mit der Zeit kein Wachstum mehr, sondern es entsteht Frust, Unverständnis, Wut, Zorn, und gegenseitige Vorwürfe sind an der Tagesordnung. Man ist ganz einfach nicht glücklich und scheint dies nicht ändern zu können. Also hält man es mit dem Partner irgendwie aus. In einer solchen Partnerschaft gibt es keine sichtbare Bestätigung mehr. Pflegen Menschen in einer Partnerschaft auch den geistigen Verkehr, so können Missverständnisse verhindert werden. »Man versteht sich einfach« blendend. Seelischer Erfolg heißt also, MITEINANDER sein, werden, wachsen und genießen. Seelischer Erfolg heißt, dass man die richtigen Kontakte hat, die ein gesundes, seelisches Sein ermöglichen und dass man die Kontakte hat, die das eigene Werden und Wachsen unterstützen und befürworten. Dies bringt Stärke, Gewinn und sichtbare Resultate auf beiden Seiten. Im seelischen Miteinander ziehen sich die Menschen an, die sich gegenseitig vorwärts bringen können. In dieser Partnerschaft wächst und gedeiht die Liebe.

Geistiger Erfolg: Geistiger Erfolg bedeutet, dass der Mensch vermehrt und verstärkt geistig wächst und gedeiht und dass er sein Wissen und Können dort einsetzen kann, wo es gebraucht, verstanden und umgesetzt werden kann (zur richtigen Zeit – am richtigen Ort – mit den richtigen Menschen). Die eigenen Ideen werden erkannt und verstanden. Geistiger Erfolg bedeutet, dass das eingesetzte Wissen wieder neues Wissen und ein immer größeres Verständnis fördert und bringt. Geistiger Erfolg bedeutet, dass der Mensch jederzeit bewusst Zugang zu seinen Fähigkeiten hat, d. h. dass er das eigene Potenzial erkennt und nutzen kann. Geistiger Erfolg bedeutet reich sein an Chancen und Möglichkeiten, die geistige Erfüllung bringen. Das eigene Schaffen bringt eine unabhängige, also freie Existenzabsicherung, worin der Mensch seine Originalität und Eigenständigkeit sichtbar leben und stärken kann.

Materieller Erfolg bedeutet, dass jeder finanzielle und materielle Einsatz mit Gewinn zurückkommt. Der Mensch kann seinen materiellen Raum absichern und erweitern. Er kann in der Art und an dem Ort leben, wo er sich wohl fühlt und wo er sich sicher und geborgen fühlen kann. Der Zwang und der Druck der Materie werden mit der Zeit ganz verschwinden. Der Mensch kann an mehreren Orten leben, ohne seine geistige Orientierung zu verlieren. Er muss sich materiell nicht mehr einschränken, sondern er kann seine materielle Selbstbestimmung zunehmend weiterentwickeln. Materieller Erfolg bedeutet, dass der Mensch nicht von äußeren Umständen ein- und beschränkt ist

(Nachbarschaft usw.). Materieller Erfolg bedeutet, dass der materielle Körper leistungsfähig bleibt und dieser die Freiheit in keinster Weise einschränkt.

Erfolg auf jeder Ebene und in jedem Bereich heißt, der Mensch hat die umfassende Nutzung aller seiner Fähigkeiten und Möglichkeiten. Es gibt keine ***Ein***seitigkeit mehr, sondern alle Interessen und »Liebhabereien« kommen zur Geltung und können gelebt werden (Hobbys, Vergnügen). Erfolg verhindert Einfältigkeit und fördert die Vielfältigkeit. Das Leben ist bunt (nicht grau und eintönig) und abwechslungsreich.

Wohlbefinden

Der Mensch zieht all das an, worin er sein Wohl findet. Wohlbefinden bedeutet, dass der Mensch jederzeit und überall die Macht hat, sein Leben selbst zu bestimmen und zu gestalten und zu genießen. Es bedeutet, dass er immer Herr jeder Lage und des eigenen Seins ist. Wohlbefinden bedeutet, dass ein Mensch in der Lage ist, wesentlich dazu beizutragen, dass es auch dem Rest der Welt / Umwelt besser geht. Es bedeutet, dass ein Mensch erkennen kann, wie und womit er anderen helfen kann, sodass sein Rat und seine Hilfe Hilfe suchende Mitmenschen aus ihrer misslichen Lage befreien kann. Wichtig ist zu wissen, dass nur jeder Mensch alleine entscheiden kann, ob er gesund werden will oder ob er aus seiner Situation »heraus« will. Man kann Menschen nicht zu ihrem Glück zwingen, da alles immer ihr eigener Wille ist. Solange ein Mensch nicht will, wird ihm keine Methode, kein Mensch, kein Mittel helfen können. Jeder Mensch entscheidet letztendlich immer selbst, ob er sich befreien will und ob und wie er Hilfe annehmen will und kann. **Wahre Hilfe ist Hilfe zur Selbsthilfe**, denn nur die eigene vollbrachte Tat bringt die Erlösung. Jeder Mensch ist sein eigener Erlöser. Jeder Mensch kann sein Glück für möglich halten und es möglich werden lassen oder er kann sich selbst Leid tun und sich dadurch selbst im Weg stehen. Es ist seine Wahl.

Diese ***wesen***tliche Formulierung des Lebenszieles »*Ich will – ich habe Gesundheit, Erfolg und Wohlbefinden physisch, seelisch, geistig und materiell – auf jeder Ebene und in jedem Bereich meines Lebens!*« deckt alles ab und wirkt direkt (bereinigend) auf das Unterbewusstsein und löst mit der Zeit Zweifel und Ängste auf. **Diese Formulierung bringt bei jedem Menschen sein Originalbild hervor. Daher wirkt sie bei jedem Menschen – äußerlich gesehen – anders.** Diese wesentliche Formulierung wirkt wie ein Reinigungsfilter, denn dadurch werden alle unterbewussten Prägungen und alle unbewussten Gedanken zuerst einmal sichtbar und sie können somit geändert und aufgelöst werden. Diese wesentliche Formulierung bereinigt das innere Sein. Alle unbewussten Einflüsse (Kindheit, Eltern, Partner usw.) lösen sich auf und das eigene, klare Bewusstsein tritt zu Tage. Alle Gedanken und Vorstellungen, die der Mensch übernommen hat, werden aufgelöst und er findet zu sich selbst. Nun wird sichtbar, welche Programmierungen und Interessen nicht wirklich der eigenen Art, also der eigenen Bestimmung, entsprechen. So können die unwesentlichen Vorstellungen abgelegt werden. Dies wird das Wesen der eigenen Persönlichkeit zum Vorschein bringen und dieser Prozess wird Wege aufzeichnen, wie ein Mensch seine Eigenart wahrhaftig selbst weiterentwickeln kann. Es hilft ihm, sich auf seine eigene Entwicklung und auf sein eigenes Leben zu konzentrieren, ohne dabei die Bedürfnisse anderer Menschen zu ignorieren. Dieser wesentliche Satz hilft, dass der Mensch nicht weiterhin falsch denkt, sondern dass er wieder seinen eigenen Wahrnehmungen vertrauen kann. Dies bringt Freude, Zufriedenheit, Stärke und Leichtigkeit sowie sichtbare Resultate in allen Bereichen.

Durch diese ganzheitliche, wesentliche Zielformulierung treten die angenommenen, gewohnten Verhaltensmuster zu Tage und können somit erkannt, verändert und / oder aufgelöst werden. Der Mensch erkennt klar, was richtig und was falsch ist. Es wird ersichtlich, wo der Mensch äußerem Druck nachgegeben hat und wo er seine eigene Originalität verloren hat. Die Selbsterkenntnis führt zur Selbstbefreiung. Die Systeme verlangen von einem Menschen, dass er sich nach bestimmten, genormten Richtlinien zu verhalten hat. Er wird als nützliches Mitglied akzeptiert, aber er fällt nicht auf. Er fällt eigentlich nur auf, wenn er sich »auffällig« benimmt. Wird einem Menschen plötzlich bewusst, dass er sich lange Zeit selbst eingeschränkt und angepasst hat und dass ihm dieses Verhalten eigentlich gar keine Freude und Befriedigung gebracht hat, kann es vorkommen, **dass er beim Erkennen dieser Tatsache »in ein Loch fällt«**. »Wer erkennt, dass er sich geirrt hat, ist auf dem richtigen Weg.« Nun kann er sich neu orientieren. Würde ein Mensch erkennen, dass alles wieder zu ihm zurückkehrt, würde er automatisch in weiser Voraussicht handeln. Er wüsste, dass alles, was er anderen Menschen antut, immer zu ihm zurückkehrt. Diese Erkenntnis bringt Freude oder Schrecken, vor dem, was einem noch bevorsteht.

Ich will und ich lebe die Partnerschaft, die auf beidseitige Liebe, Respekt, Freude, Lust, Leichtigkeit, Wertschätzung, Vertrauen, Achtung und Bewunderung aufgebaut ist.

Dies bedeutet, dass die »traumhafte« Partnerschaft in der Realität und Wahrhaftigkeit gelebt werden kann. Liebe will leben und muss gelebt werden. Zurückhaltung von Liebe zerstört die Lebenskraft. Kein Mensch sollte »sich Respekt verschaffen müssen«. Gegenseitiger Respekt ist bei aller Liebe selbstverständlich. Vertrauen entsteht aus Zutrauen. Die Sexualität kann sich nur durch Vertrauen wirklich voll entfalten und zum Genuss werden. Man freut sich, wenn man sich sieht und man verspürt Lust nach Nähe. Durch die Wertschätzung erkennt man den Wert des Partners und man sucht nicht mehr nach den Fehlern. Die Bewunderung erkennt die Einzigartigkeit, die nicht wirklich durch einen anderen Partner ersetzt werden kann. Jeder Mensch ist einzigartig, doch nicht bei jedem Menschen kommt die Einzigartigkeit zum Vorschein. Die gegenseitige Bewunderung braucht keine Erklärung mehr, warum man liebt. Wahre Liebe ist einfach und unerklärbar. Es gibt Menschen, die preisen ihren Partner in den höchsten Tönen und dies tun sie andauernd. Dies ist eher ein Hinweis, dass man sich selbst davon überzeugen will und in Wahrheit den Partner »besser« redet, als man ihn eigentlich wahrnimmt. Es gibt Menschen, die schildern ihren Partner, als wäre er ein »altes Auto«, das sie verkaufen wollten. Sie preisen dessen Vorzüge, als wollten sie ihre getroffene Wahl rechtfertigen. Der wahre Genießer weiß und schweigt!

Wahre Liebe ist durch das Erkennen und Anerkennen eines Menschen im Wesentlichen (Wesensart) erst vollumfänglich möglich. Wahre Liebe ist nicht objektiv, sondern ist einfach und nicht erklärbar, denn sie entsteht aus einem inneren Bedürfnis. Wahre Liebe zeigt die Faszination, die ein Mensch einem anderen entgegenbringt. »Ich bin fasziniert von dir! Du interessierst mich jeden Tag aufs Neue!«

Viele Liebespaare sind anfangs voller Hoffnung. Mit der Zeit verbraucht sich alle Liebe, alle Bewunderung und jegliche Wertschätzung, da man die anfänglichen Werte nicht vermehrt hat. Dies führt zu Leere und Enttäuschung. Durch die Formulierung »aufgebaut ist« legt man fest, dass aus dem anfänglichen Potenzial immer mehr Liebe, mehr Vertrauen, mehr Freude, mehr Lust, also von allen Werten mehr und mehr und mehr entsteht und dass die Beziehung sich weiter entfalten und entwickeln kann. »Wir lieben uns mehr, als je zuvor!« Wer das sagen kann, der hat wahre Liebe gefunden.

Ich will – ich habe finanzielle und materielle Freiheit! Ich bin reich an finanziellen Mitteln, materiellen Möglichkeiten und ich genieße mein Leben im Luxus!

Dies bedeutet, dass man materiell alles zur Verfügung hat, was ein wohlhabendes Leben möglich macht. Materielle Freiheit bedeutet, dass man leben kann, wo und wie man will, dass man nicht behindert ist und dass man sich nicht behindern lässt und dass keine Manipulation über die Materie mehr möglich ist. Kein Mensch muss sich verkaufen, um reich zu sein. Materielle Freiheit heißt auch, dass wenn die physische, materielle Lebenszeit abgelaufen ist, der Übergang (Tod) in eine andere Bewusstseinsebene leicht ist und ohne Behinderung geschehen kann. Materielle Freiheit bedeutet, dass auch der eigene physische Körper zu keiner Zeit ein Hindernis ist.

Das Wort »Finanzen« steht immer für gültige Werte. Wer schreibt: Ich will immer genug Geld haben, dem wird dies höchstwahrscheinlich nichts bringen, da »Geld« ein undefinierter Begriff ist (man bestellt ja auch nicht 100.000 Geld!). Finanzieren heißt, der Mensch ist in der Lage, eine Sache, ein Projekt, ein Vorhaben durchzuführen und zu unterhalten. Er verfügt frei über finanzielle Mittel. Finanzielle Mittel sind u.a. gültige Währungen, Ideen, Schaffenskraft und anderes Leistungsvermögen. Ein Projekt kann auch mit einer genialen Idee finanziert werden. Finanzen ist die Bezeichnung für Leistungsvermögen. »Ich vermag mir alles zu leisten, was ich will.« Der finanzkräftige Mensch leistet sich immer neue Unternehmungen. Er ist geistig, seelisch und körperlich leistungsfähig. Man sieht viele Möglichkeiten und entdeckt immer wieder neue

Chancen. Dies wird zum alltäglichen Genuss, weil man keine Angst mehr hat, alles wieder zu verlieren. **Luxus heißt, die Wahl zu haben.** Luxus ist demzufolge nicht, wenn man sich z. B. drei Ferraris vor sein Haus stellt, sondern Luxus ist, dass, wenn man dies ***wollte***, man es jederzeit tun ***könnte***, aber nicht mehr muss.

Luxus und Erfolg sind Worte, die bei vielen Menschen »falsch« abgespeichert sind. Man glaubt, Luxus wäre Verschwendung. Die Natur ist Luxus pur. Sie produziert ohne Ende, egal, ob wir ihre Produkte nutzen oder nicht.

Ich will – ich kann meine Chancen und Möglichkeiten optimal und erfolgreich nutzen.

Dies bedeutet, dass der Mensch seine Chancen selbst erkennt und dass er sie somit auch nutzen kann. Durch die Formulierung »...kann...nutzen«, ist sichergestellt, dass der Mensch seine jeweilige Chance rechtzeitig selbst erkennt und somit auch wahrnehmen kann. Optimal heißt, auf die bestmögliche Art. Möglichkeiten sind Vorteile und Erleichterungen, die sich aus der jeweiligen Gesellschaft (Beziehungen) ergeben. Sind Menschen gegenseitig offen, könnten alle voneinander profitieren und somit wäre für alle ein schnelleres Wachstum möglich. Leben die Menschen MITEINANDER und nicht nebeneinander oder gar gegeneinander, kommen alle schneller vorwärts! Das Resultat ist Freude, Motivation und ein inspirierendes Miteinander.

Ich will – ich kann meine Fähigkeiten, Begabungen und Talente hervorbringen und ich verwirkliche diese sichtbar, erfolgreich und gewinnbringend!

Fähigkeiten: Jeder Mensch ist fähig (sehen, laufen, reden usw.). Man könnte sagen: »Der Mensch ist zu allem fähig!« Der Begriff Fähigkeiten deckt das ***all***gemeine Können ab.

Begabungen: Jeder Mensch hat etwas zu geben. Er ist mit Gaben ausgestattet. Der Mensch hat eine Fertigkeit, die nicht der ***all***gemeinen Fähigkeits-Norm entspricht. Er bringt sein Können aus der vorherigen Inkarnation mit und ist also bereits geübt darin. Eine Begabung zeigt sich darin, dass dieses Tun einem Menschen leicht fällt.

Talente: In jedem Menschen sind verborgene Talente, die nur zu Tage gefördert werden müssten. Ein Talent ist eine perfektionierte Begabung. Ein Talent ist immer an eine Persönlichkeit geknüpft. Ein Talent wird nie durch ein anderes Talent ersetzt. Ein talentierter Mensch handelt aus einer inneren Berufung. Er muss nicht zum Üben gezwungen werden. Ein Talent »verpflichtet« zur Anwendung. Ein Talent zeichnet sich durch die persönliche Art und Weise, etwas zu tun, aus.

Hervorbringen: Dies heißt, dass die Fähigkeiten von außen geweckt werden und dass der Mensch evtl. von einem anderen Menschen angespornt und angeregt wird, etwas Bestimmtes zu tun. Man liest z. B. etwas und versucht, das Gelesene umzusetzen, und plötzlich erkennt der Mensch, dass ihm genau das, was ihn förmlich angezogen hat, »liegt«. Das Äußere hat sein Interesse geweckt. Sichtbar heißt, die Fähigkeit ist fassbar und sie ist vorhanden und für alle wahrnehmbar. Erfolgreich heißt, diese Fähigkeiten können mit einer großen Resonanz verwirklicht werden. Gewinnbringend heißt, dass diese Fähigkeiten am richtigen Ort, in der richtigen Art und Weise, mit den »richtigen« Menschen umgesetzt werden können und dadurch findet eine Bereicherung auf »beiden Seiten« statt (Lieferant – Kunde). Erfolgreich und gewinnbringend heißt, dass diese Fähigkeiten das Leben des Menschen bereichern und zwar ideell, menschlich und materiell. Das Tun wird zur täglichen Bereicherung. Man wird beflügelt und Geist, Seele und Körper erleben Befriedigung.

Ich will – ich habe innere und äußere Schönheit!

Schönheit ist Harmonie zwischen der inneren Persönlichkeit (Ich-Bewusstsein) und der äußeren Person (Äußerlichkeit / Aussehen). Schönheit ist die harmonische Übereinstimmung des inneren und äußeren Seins, resp. Ichs. Innere und äußere Schönheit bedeutet, dass der Mensch ganz ehrlich zu sich selbst ist, dass er auf seine innere Stimme hören kann, dass er seine Taten und sein Tun selber beurteilen und einschätzen kann und dass er somit keine Bestätigung mehr von außen nötig hat. Der Mensch weiß selbst, ob er etwas nach seinem besten Wissen und Können getan hat oder ob er etwas »halbherzig« getan hat und ob er demzufolge ein »halbherziges« Resultat erzielt hat. Der Mensch weiß selber, ob er etwas gut oder nicht so gut gemacht hat. Durch die eigene Erkenntnis ist der Mensch auf keine Bewertung von außen mehr angewiesen. Der Mensch muss nicht mehr gefallen und dadurch ist er auch nicht mehr gefällig. Er steht offen zu seinen Stärken, aber auch zu seinen Schwächen, also zu den so genannten »unangenehmen« Seiten. Steht ein Mensch zu seinen Schwächen, so werden diese mit der Zeit zu Stärken. Schwächen entstehen nur im Vergleich mit einem anderen Menschen. Eigentlich gibt es keine Schwächen, sondern nur individuelle Arten und individuelle Stärke. Alles ist eine Art der Ansichtssache. Was für den einen eine Schwäche ist, ist für den anderen die größte Stärke. Es kommt darauf an, was man selbst für Maßstäbe setzt. So bringt jeglicher Vergleich eigentlich immer nur neue Mängel hervor. In Wahrheit ist jeder Mensch unvergleichlich.

Ich will – ich kann meinen Kindern (...) in meiner Funktion als Mutter / Vater und als Mitmensch alles vermitteln, was sie zu einem gesunden und erfolgreichen Leben führt.

Dies bedeutet, dass Eltern nur Vermittler sind und die Aufgabe und Verantwortung haben, ihr Kind in **seiner** Art zu erkennen, zu fördern, zu leiten, zu führen und gemäß dem Alter des Kindes entsprechende Hilfeleistungen bei ihrem Werden zu geben. Eltern sollten Vorbilder sein, die die Verantwortung für ihr tägliches Leben klar übernehmen und die auftretende Probleme sichtbar und bewusst lösen. So werden auch aus den

Kindern mutige, gesunde und fröhliche Menschen. Jedes Kind ist auch eine individuelle Seele. Oft wollen Eltern nur das Beste für ihre Kinder und wissen dennoch nicht, was das Beste ist. Diese obige Formulierung hilft Eltern, das Beste zu erkennen. Nur in klaren Grenzen kann sich ein Mensch ganz finden, sich erfahren und erleben. (Grenzen setzen bedeutet nicht, den Raum be-schränken!, sondern es heißt, dem Alter des Kindes entsprechende Forderungen (Förderungen) zu stellen und das Kind in seinem eigenen Wachsen und Tun zu bestärken.) Wenn man sagt: »Ich will, dass es meinem Kind später gut geht«, wird sich das Unterbewusstsein des Kindes automatisch dagegen auflehnen und sich wehren, weil das Unterbewusstsein auf direkte Erwartungen und Forderungen von anderen Personen immer ablehnend reagiert, selbst wenn die Erwartung positiv und »gut gemeint« ist. Das Unterbewusstsein reagiert auf Forderungen und Erwartungen immer zuerst spontan negativ und unterscheidet nicht zwischen gut und böse. Der Mensch muss immer selber sein Können in der jeweiligen Verantwortung bestimmen. Vermitteln können heißt, dass man in der Lage ist, seinem Kind alles (physisch, seelisch, geistig und materiell) zur Verfügung zu stellen, sodass dieses Kind aus diesem vermittelten Er-Leben selbst ein gesundes und erfolgreiches Leben weiterführen resp. führen kann, aber nicht muss. Dieses Zur-Verfügung-Stellen zeigt sich darin, dass Eltern ihrem Kind vorleben, was gut ist. Doch schlussendlich bestimmt jedes Kind später selbst, ob sein Leben gut oder schlecht ist und wird! Es liegt in der Verantwortung jedes Einzelnen, ob er sich ins Licht oder in den Schatten stellt. Jeder hat die Wahl! Sieht man sich nur als Opfer, wird das tägliche Erleben immer wieder diesen »erdachten Opfer-Zustand« bestätigen.

Ich gebe Liebe und ich erhalte Liebe. Ich gebe Freude und ich erhalte Freude. Ich bin Licht und ich gebe Licht. Ich handle zu jeder Zeit im Sinne meines göttlichen Seins.

Was der Mensch zu geben bereit ist, dessen ist er sich bewusst und dieses wird er immer wieder doppelt zurückerhalten.

Wissen ist Licht!
Und nur das Licht erlaubt eine optimale Nutzung des Raumes!

Angst ist Nichtwissen! Angst ist fehlendes Vertrauen, das auf Nichtwissen begründet ist. Angst ist Dunkelheit, in der keine Orientierung möglich ist. Angst macht Freude unmöglich, daher sollten die Menschen daran weiterarbeiten, dass sich alle Ängste in Luft auflösen und dass die Atmosphäre mit Freude erfüllt sein kann. Jeder positive Gedanke gibt Licht. Eine dauerhafte, positive Lebenseinstellung führt zu Erleuchtung. Erleuchtung ist ein Leben, das in jeder Hinsicht offen, klar, mit Licht und Liebe durchflutet ist.

Leichtigkeit = alles ist möglich! Wir stellen uns positiv auf den nächsten Tag, auf unser weiteres Tun ein, und wir werden merken, dass es so immer leichter wird. Selbst wenn etwas schwierig scheint, sollten wir ab jetzt sagen: »Vielleicht wird es nicht ganz leicht, aber...« oder »Eigentlich ist es ja schon ganz gut, aber es könnte noch besser werden!« und nicht: »Es ist schwierig...«, »Es ist nicht schlecht...«, »Es wird noch schwer werden...«. Wir können erst Leichtigkeit weitergeben und Impulse geben, wenn wir selbst über diese innere Haltung verfügen.

Alles ist möglich! *Wichtig ist dabei, dass wir uns nicht immer an die bereits absolvierten, erfolglosen Erfahrungen der Vergangenheit klammern, sondern unseren weiteren Taten ein neues positives Resultat zutrauen.*

Nichts ist unmöglich, außer man hält es für unmöglich.

So ist es! Durch das Erkennen und durch das Umdenken wird diese bestimmte Lebensqualität sofort und jederzeit möglich! In einem einzigen Moment kann das Leben ganz neu werden. Bereinigt der Mensch seine Gedanken und Gefühle, befreit er sich von seiner Vergangenheit. Die Gegenwart bestimmt nun die Zukunft. Man hat nichts mehr zu befürchten. Die Bereinigung befreit von alten Lasten. Man muss es nur zulassen!

Der Zweifel zerstört jede Idee! Der geäußerte Zweifel zerstört die bereits geleisteten Taten!

Menschen zweifeln immer wieder und wollen eine Garantie und Sicherheit dafür erhalten, dass sich ihre Tat wirklich lohnt! Aber genau dieses Streben nach Sicherheit wird alles verhindern und man bleibt, was man ist und das Leben verändert sich nicht, sondern wird immer armseliger. Der Zweifel zerstört alles, bevor etwas überhaupt begonnen hat.

Um sein Ziel erfolgreich zu erreichen, ist es wichtig, alle Zweifel loszulassen. Zweifel lösen sich durch Bewusstsein auf. Der Zweifel ist verständlich, denn er ist die Erinnerung der Seele an eine Niederlage. Will der Mensch aber endgültig seinen Zustand verändern, so muss er nun die Zweifel loslassen. Dabei sollte er darauf achten, dass er seine Vorhaben und Projekte nicht mit Zweiflern bespricht. Der Zweifler würde nur neue, zerstörerische, hemmende Energie hineinbringen.

Der Austausch vermehrt und verstärkt, was vorhanden ist. Daher ist es ratsam, genau zu prüfen und zu beachten, mit wem man sein Leben bespricht.

Weitere Zielsetzungen

(Vorschläge, Ideen und Anregungen)

Das grundsätzliche Lebensziel bestimmt nun die Qualität. Nun kann man ganz persönliche Ziele dazu nehmen. Dinge, die uns im Alltag wichtig erscheinen, damit wir auch im Außen unser Leben frei genießen können, kann man nun dazu nehmen.

Wie können Sie sich nun mit weiteren Vorstellungen aus Ihrem Leben heraus-denken und heraus-reden?

Nachstehend sind einige optimale Formulierungen und Formen von Lebenszuständen beschrieben.

Sie können diese für sich übernehmen, sofern Sie die Formulierung und die Vorstellung dieses beschriebenen Zustandes ansprechen! Dadurch, dass Sie auf andere Gedanken kommen, wird sich Ihr Leben ändern, und zwar so, wie Sie es bewusst wollen! Achten Sie auf das, was Sie sagen (säen), denn das werden Sie wieder ernten!

- Ich, ... (*Name*) sage immer die richtigen Worte zur richtigen Zeit und mit der richtigen Betonung und in der richtigen Formulierung, sodass meine Worte Klarheit und Sicherheit und eine klare Botschaft vermitteln. Ich trage meine Ideen klar verständlich vor und begeistere mein Umfeld im positiven Sinn. Ich kann, resp. ich rege andere Menschen zu neuen Inspirationen und positiven Ideen an. Ich bin be*geist*erungsfähig.

- Ich, ... kann meiner Familie und Freunden immer helfen, den für sie optimalen Weg zu erkennen und zu gehen und ich kann an der daraus entstehenden Freude teilhaben. Ich kann mithelfen, dass ... (Mensch, Tier) vom ... (allfälliges Problem) schneller und dauerhaft erlöst und befreit ist.

- Ich, ... bin fähig, den Menschen die Freude am Leben wieder zu zeigen und sie in ein Leben von Freude und Sicherheit zu führen.

- Ich, ... lebe, resp. habe die Partnerschaft / Gemeinschaft / Freundschaft usw., in der durch das Miteinander die Stärken und Qualitäten beider Parteien optimal zum Vorschein und zur Geltung kommen und in der durch das Miteinander die Liebe, die Lebensfreude, der Lebensmut sowie Gewinn, Reichtum, Erfolg, Fortschritt, Stärke, Humor, Erotik, Attraktivität, Lebensgenuss immer mehr Raum einnehmen. Die dadurch frei werdende Energie setze ich zur Verbesserung meiner Lebensqualität und für die meiner gesamten Umwelt ein. Ich bin geliebt. Ich bin begehrt.

- Ich, ... bin zu jeder Zeit finanziell flüssig und kann meine Zeit, meine Aufgabe und meinen Lebensraum selbst bestimmen und verwirklichen. Meine finanzielle und materielle Kraft ermöglicht es mir, meine Fähigkeiten gezielt und bewusst nutzen zu können und meinen Wirkungskreis selbst bestimmen, wählen und gestalten zu können. Mein Leben ist wahrer Genuss, da sich mein Geist, meine Seele und mein Körper vollumfänglich entfalten können. Ich lebe in materieller und finanzieller Freiheit. Ich genieße diese Freiheit jeden Tag, immer und immer und immer.

- Ich, ... verstehe und begreife die Gesetze und Kräfte des Universums klar und kann diese jederzeit umsetzen und anwenden. Ich kann durch dieses Wissen auch anderen Menschen mit einer eigenen Methode wesentlich und positiv weiterhelfen. Ich bin fähig, diese göttlichen, kosmischen Gesetze auch anderen Menschen begreiflich und zugänglich zu machen. So kann ich miterleben, wie jeder Mensch sich selbst befreien und beglücken kann.

- Ich, ... kann das Wissen und die Weisheit der universellen, göttlichen Lebenswahrheit erkennen, begreifen und vollständig bewusst anwenden. Ich bin fähig, diese jederzeit mutig, selbstverständlich, leicht und vorbildlich anzuwenden und zu verbreiten.

- Ich, ... kann hellsehen, hellhören, hellfühlen. Dadurch bin ich fähig, das Wesentliche, jetzt, im Vorfeld, in der Vergangenheit und in der Zukunft, zu erkennen und zu fördern. Ich kann alles Wesentliche mit Klarheit, Sicherheit, Mut, Stärke, Erfolg, Leichtigkeit und vorbildlich sichtbar machen, sodass es auch andere Menschen verstehen und nutzen können. Ich wirke als Vor-Bild und motiviere und begeistere meine Umwelt.

- Ich, ... habe jederzeit den Kontakt zu meiner göttlichen Quelle, zu meinen geistigen Führern und Beratern. Ich bin jederzeit fähig, mein Leben klar, bewusst, selbstverständlich, mutig, selbstbestimmt, selbstverantwortlich zu leben. Dieses Wissen und diese Kraft vermittle ich auch an meine Umwelt. Ich bin Impulsgeber, sodass auch andere Menschen diese Kraft in sich finden, erkennen und anwenden können. Ich bin fähig, die Vielfalt des göttlichen Seins zu zeigen.

- Ich, ... kann jedem Menschen helfen, der meine Hilfe braucht. Ich ziehe die Menschen an, denen ich mit meinen Fähigkeiten und meiner Kraft auf eine positive und dauerhafte Art und Weise helfen kann, ihr Leben in Freude, Liebe, Lust, Leichtigkeit, Erfolg, Reichtum, Gesundheit, Humor und mit dem Erkennen des göttlichen Seins zu genießen und zu gestalten. Die Begegnung ist für mich und für den Menschen, der meine Hilfe sucht, immer eine Bereicherung. Ich kann die Hilfe suchenden Menschen bestärken und begleiten, sodass sie selbst wieder stark sind.

- Ich, ... kann mein Können, mein Wissen zur Hilfe und zur Freude und für die Gesundheit sowie für das Wachstum des Wesentlichen einsetzen. Dies bringt mir Wohlbefinden auf allen Ebenen. Ich bin wohlhabend und ich bin wohlbringend. Mein Leben ist der Ausdruck des göttlichen Reichtums.

- Ich, ... bin immer gesund. Ich bin mir meiner Seele bewusst. Ich bin den Bedürfnissen meiner Seele jederzeit treu und gerecht. Ich nehme die Bedürfnisse meiner Seele wahr. Ich bin mir meiner selbst und meines Seins immer bewusst und ich bin verantwortlich für alles, was in meinem Leben ist. Ich bin die schaffende Kraft meines Lebens. Ich bin jederzeit der klare Beweis meines göttlichen Seins.

- Ich, ... kann immer komfortabel, erstklassig, als VIP, in bester Gesellschaft, sicher, frei, genussvoll reisen und ich kann dadurch andere Länder, Menschen, Kulturen kennen lernen. Die kulturelle Offenheit bereichert das Verständnis meines Geistes und meiner Seele.

- Ich, ... kleide meinen Körper mit schönen, erstklassigen, modischen, bequemen, geschmackvollen, extravaganten, stilgerechten, qualitativ hochwertigen, edlen, erstklassig geschneiderten Kleidern. Dadurch bringe ich meine Persönlichkeit und meinen persönlichen Stil voll zur Geltung. Ich wirke positiv auf andere Menschen. Ich bin aufmerksam. Ich bin schön. Ich bin interessant. Ich bin attraktiv.

- Ich, ... lebe immer an dem Ort und in den Umständen, die mir gegenwärtig den höchsten Wohlstand ermöglichen.

- Ich, ... bin schön, schlank, attraktiv, erotisch, interessant, gesund, heil, stark, geschützt, geschätzt, geliebt und willkommen.

- Ich, ... habe immer einen gesunden, schlanken, verjüngten, attraktiven, erotischen, beweglichen, heilen, harmonischen, schönen physischen Körper. Jede Körperzelle erinnert sich immer wieder an ihre ursprüngliche Vollkommenheit und meine Zellen erhalten ihre Jugendlichkeit.

- Ich, ... habe immer eine schöne, straffe, gesunde, heile Haut am Gesicht und am ganzen Körper.

- Ich, ... habe immer schönes, volles, kräftiges, gesundes Kopfhaar.

- Ich, ... habe immer einen schönen, wohlgeformten, straffen, erotischen Busen.

- Ich, ... habe ein lustvolles, erotisches, erlebnisreiches, anregendes, entspanntes, erfüllendes, genussreiches Sexualleben. Ich genieße das Zusammensein mit meinem Partner. Ich erlebe die Erfüllung, das Vertrauen und die Liebe. Das sexuelle Zusammensein befriedigt und erfüllt mich.

- Ich, ... bin immer schön, vital, geistreich, spontan und mutig.

- Ich, ... bin in meinem persönlichen Raum immer respektiert und anerkannt. Ich habe jederzeit die Zeit, die Ruhe und Gelassenheit in meinem Leben. Ich habe immer die Übersicht und die Kontrolle über mein Leben. Ich bin der Herrscher meines Lebens und meines Seins.

- Ich, ... bestimme mein Leben immer mit Vor-Sicht und lasse Rück-Sicht walten, um die Erfahrungen der Vergangenheit zu nutzen. Ich lebe und gestalte mein Leben in Freude und Leichtigkeit.

- Ich, ... gebe den Bedürfnissen meiner Seele immer den Vorrang. Ich bin mir selbst treu. Ich bin die Liebe. Ich wachse und lebe in Würde meines göttlichen Seins. Ich bin wertvoll. Ich bin liebenswert.

- Ich, ... habe immer die sozialen Kontakte und ich lebe die menschlichen Kontakte, in denen durch das Miteinander die Stärken, Fähigkeiten, Begabungen, Talente und Werte aller Beteiligten eigen-artig und optimal gefördert und weiterentwickelt werden. Ich habe und erlebe jeden Tag Freude, Liebe, Lust, Leichtigkeit, Spaß, Gesundheit, Reichtum, Weisheit, Wahrheit, Klugheit, Würde und Humor. Jeder Tag ist für mich ein wundervolles Erleben. Ich bin begeisterungsfähig.

Diese Wunsch- und Lebensvorstellungsliste kann man mit allem, was einem wichtig erscheint, ergänzen (Auto, Haus usw.).

***Das Leben setzt uns keine Grenzen,
höchstens wir uns selber.***

Formulierungen, die eine gegenwärtige Situation (auf-)lösen könnten:

- Ich will, resp. ich kann den angeregten Austausch (Gespräch, Konflikt) mit (Person / evtl. Name) vollenden und erhalte den Respekt, die Würde, die Anerkennung und die Beachtung, die mir zustehen.

- Ich will, resp. ich kann die (z. B. freundschaftliche, zwischenmenschliche, partnerschaftliche) Beziehung zwischen mir und (Name/Person) in der Realität – klar und sichtbar, in jeder Hinsicht fassbar – klären und erleben. Ich kann dadurch mein Leben wieder neu bestimmen und gestalten. Ich bin mir bewusst und ich bin mir klar, was diese Beziehung für eine Bedeutung hat.

- Ich will dauerhaft schmerzfrei (Art des Schmerzes) sein und ich bin mir ab jetzt der Bedürfnisse meiner Seele, meines Seins ohne jegliche Schuldgefühle und ohne Opferung meines Willens bewusst und werde diesen Bedürfnissen ab jetzt immer gerecht. Ich bin mir wichtig und immer ehrlich und werde mir ab jetzt der Verantwortung mir selbst gegenüber bewusst. Ich kann so wachsen und mich weiterentwickeln auf meinem Weg ins Licht. Ich bin mir selbst treu. Ich nehme mich in meiner Art an und ich löse alle Verurteilungen der Vergangenheit auf. Mein Geist, meine Seele und mein Körper sind dauerhaft und für immer von allen schmerzvollen Zuständen geheilt und befreit.

- Ich will die zwanghafte Rück-Sicht loslassen und ich bestimme ab jetzt mein Leben mit Vor-Sicht. Diese Vorsicht erlaubt mir ein bewusstes, freudiges Leben, da ich immer weiß, dass mein heutiges Denken und Tun die Ernte in meiner Zukunft bestimmt. Ab sofort mache ich wundervolle neue, inspirierende Erfahrungen. Ich bin mir JETZT bewusst!

- Ich will, resp. ich kann mein Können, mein Wissen zur Hilfe und zur Freude und für die Erhaltung meiner Gesundheit einsetzen. Dieses Wissen und diese Erkenntnisse kann ich auch anderen Menschen zukommen lassen, sodass für mich und für meine Mitmenschen sowie für meine gesamte Umwelt (Tier und Natur) Freude, Wohlsein, Gewinn, Erfolg und eine optimale Entfaltung möglich werden und sind. Ich kann im Wesentlichen dazu beitragen, dass sich Wohlstand überall manifestiert. Ich kann mithelfen, dass sich jeder Mensch an seine ursprüngliche, göttliche Vollkommenheit erinnert.

- Ich will, dass mein persönlicher Raum immer respektiert und anerkannt ist, sodass ich mit Ruhe,

Gelassenheit, Leichtigkeit und Selbstkontrolle handeln, tun und wirken kann. Ich bin beachtet und respektiert. Ich achte und respektiere auch die Bedürfnisse anderer Menschen.

- Ich will, resp. ich habe immer »dienstbare Geister« um mich, die mich verwöhnen und so kann ich entspannt neue Ideen kreieren. Ich habe Zeit für Mußestunden. Ich genieße mein Leben.

- Ich bin immer schön, vital, geistreich, humorvoll, erotisch, interessant, beweglich, spontan und mutig. Ich bleibe schön und jung, da ich jeden Tag neu denke und neu beginne.

- Ich will, resp. ich habe jetzt und auch weiterhin einen schlanken, gesunden, schönen, straffen, vitalen, attraktiven, erotischen, anregenden, verjüngten und voll leistungsfähigen physischen Körper und ich kann so schneller und leichter meine Ziele erreichen. Ich kann durch das Erkennen des Wesentlichen eine größere und umfassendere Entwicklung auf meinem Weg ins Licht, also in die Vollkommenheit machen. Körperliche Mängel lösen sich ganzheitlich auf und mein physisches Da-Sein ist lust- und freudvoll.

- Ich habe eine große, schöne, luxuriöse, preiswerte Wohnung (Haus), in guter Lage, zu meiner freien Verfügung, in der ich mich entspannen, regenerieren, erholen, erfreuen und alle meine Energien auftanken kann. Mein Heim bietet mir Geborgenheit und Schutz, sodass ich meine Kräfte und meine Energien für neue Taten stärken kann. Ich kann meine Kräfte und meine Fähigkeiten für sinnvolle Tätigkeiten einsetzen. Ich bin jederzeit der Herrscher über mein Heim.

- Ich will, resp. ich verfüge über alle Mittel, um damit für meine wesentliche Entwicklung die Zeit und den optimalen Raum zu haben und ich lasse auch die Umwelt an meinem Glück teilhaben.

- Ich will, resp. ich bin immer reich an Ideen, Wissen und Weisheit, sodass ich mir und anderen Menschen helfen kann, allfällige Hürden und Schwierigkeiten zu überwinden. Ich bin erfolgreich.

- Ich kreiere jeden Tag neue Ideen, die vielen Menschen in ihrem Da-Sein weiterhelfen und die den Menschen Lösungen aufzeigen, um gesund und dauerhaft glücklich zu sein.

- Ich will, resp. ich habe immer ein 100%ig funktionierendes Gehör.

- Ich will, resp. ich habe immer ein voll funktionsfähiges Sehvermögen. Ich habe gesunde Augen. Meine Sehkraft bleibt immer voll erhalten.

- Ich will und ich habe ein 100%ig gesundes, gut durchblutetes Zahnfleisch und ich kann alles essen, was mir schmeckt und gut tut. Ich bin und bleibe gesund!

- Ich habe zu jeder Zeit *die* Nahrung (Speisen, Wasser) zur Verfügung, die mein Körper für seine optimale Funktion braucht und die ihn stark, gesund und jung erhält.

- Ich will, ich habe und ich lebe *die* sozialen Kontakte, in denen sich Menschen gegenseitig und eigen-artig fördern. Ich bin aufmerksam im Umgang mit mir selbst und mit meinen Mitmenschen. Ich bin umgeben von aufmerksamen und liebevollen Menschen, die an der Erlösung ihrer Qual interessiert sind. Gemeinsam ist man stark und allfällige Schwierigkeiten lösen sich schneller auf.

- Ich will, resp. ich kann immer die richtigen Worte zur richtigen Zeit mit der richtigen Betonung und Formulierung klar und sicher sagen und schreiben. Ich teile meine Gedanken und Gefühle klar verständlich mit und habe damit ein Mittel, unvergesslich zu sein.

- Ich will, ich habe und ich fahre ein (neues) Auto (Marke – Modell – Farbe), das technisch einwandfrei ist, sodass ich damit bequem, schnell, sicher, entspannt von »A« nach »B« komme und ich kann die Zeit während der Fahrt für neue konstruktive Ideen und Gedanken nutzen, um diese »geistigen Kreationen« wiederum zur optimalen Zeit realisieren zu können. So kann ich die Autofahrt nutzen, um auf neue Ideen zu kommen. Ich genieße jede Fahrt in meinem neuen Auto.

- Ich lebe im Wohlstand und bestimme meine Zeit und meinen Wirkungskreis jederzeit selbst. Ich gestalte und genieße mein Leben immer und bewusst. Ich bin der Herrscher in meinem Leben und gehe behutsam und aufmerksam mit mir selber und mit meiner Umwelt um. Ich achte auch auf das Wohl meiner Umwelt.

- Ich will, resp. ich verwirkliche auf wundersame Art meine Visionen. Ich kreiere eine neue Methode auf dem Gebiet ... Diese Methode hilft vielen Menschen auf positive Art und Weise und erleichtert das Leben geplagter Menschen. Ich bringe die Göttlichkeit in mir voll zum Ausdruck. Ich bin auf eine *positive* Art berühmt. Ich vollbringe Wunder.

- Ich lebe jederzeit im Wissen um die universellen Gesetze, achte auf Wahrheit, Wissen und

Weisheit und gestalte mein Leben im Wissen der kosmischen Liebe und im Sinne der Einheit. Ich bin Vorbild für viele Menschen.

- Ich will, resp. ich ziehe *die* Menschen an, denen ich mit meinen Fähigkeiten entscheidend und dauerhaft weiterhelfen kann und die dadurch gesund, schön, froh, heiter, mutig, reich werden können. Die Begegnung bringt für beide Parteien Bereicherung und der gemeinsame Austausch setzt wiederum neue Motivation für neue Taten frei. Für beide Parteien eröffnen sich durch die Begegnung neue Chancen und Möglichkeiten. Die Begegnung und der Austausch sind für alle Beteiligten eine Bereicherung und eine Freude.

- Ich erkenne jederzeit bewusst und vollumfänglich das Wesentliche jeder Sache, jeder Situation und jedes Zustandes. Ich bin immer fähig, mein Bewusstsein zu erhöhen und zu erweitern.

- Ich will, resp. ich stehe jederzeit bewusst im Kontakt zu meiner göttlichen Quelle und zu meinen geistigen Führern / Brüdern (Schutzengel, Meister), klar, bewusst, selbst-verständlich, selbst-bewusst und selbst-bestimmt, und ich erhalte dadurch neue Kraft, Sicherheit, Vertrauen, Wissen, Weisheit, Verständnis, Können und Möglichkeiten. Ich setze diese Fähigkeiten vorbildlich um.

Ich strahle positiv und motivierend auf mein Umfeld. Ich erhalte jede Hilfe, die mich stark macht.

- Ich will all das überflüssige Körpergewicht / -fett – von meinem jetzigen physischen Körper – dauerhaft los sein. Ich bin und ich bleibe schön, gesund, schlank, verjüngt, attraktiv, erotisch, beweglich, vital und ich bin während meines ganzen Lebens voll leistungsfähig. Das Zellenbewusstsein meines Körpers aktiviert die Erinnerung an die ursprüngliche Vollkommenheit. Ich bin alle geistigen, seelischen und physischen Lasten dauerhaft los. Ich bin frei und genieße diese Freiheit und Leichtigkeit.

- Ich will, resp. ich kann meine (partnerschaftliche / Mutter-Tochter-Beziehung / Vater-Sohn-Beziehung / freundschaftliche / zwischenmenschliche usw.) Beziehung zu (Name) klären, und ich kann dadurch meine Gefühle wieder voll und ganz ausleben. Durch die Klärung kann ich eine neue, bewusste Wahl treffen.

- Ich will, resp. ich kann meine Beziehung zu (Name) lösen und ich kann dadurch mein Leben neu gestalten, bestimmen und genießen. Ich bin frei und gelöst und kann neu beginnen.

- Ich will, resp. ich kann (Name) helfen, wieder ganz und dauerhaft gesund und voll leistungsfähig zu sein. Ich bin fähig, ... zu helfen, dauerhaft von ... geheilt zu sein.

- Ich will, resp. ich kann (Name) helfen, den eigenen persönlichen Weg zu erkennen und diesen erfolgreich zu gehen.

Nehmen Sie zu den bereits gemachten, erlebten Erfahrungen eine neue Haltung, eine neue Position ein!

Damit die bereits gemachten Erfahrungen der Vergangenheit nicht verdrängt werden müssen, kann man ganz einfach eine neue Position / Haltung dazu einnehmen. Diese nachstehenden Formulierungen helfen, die Furcht und die Angst zu überwinden, dass die »alten« Erlebnisse sich wiederholen könnten. Man muss nicht Angst haben, sondern ganz einfach eine neue Haltung einnehmen. Mit den folgenden Formulierungen gelingt dies sofort. Immer, wenn ein Gefühl von Furcht und Angst »hochkommt«, sagen Sie jedes Mal ganz bestimmt und laut für sich einen dieser Sätze.

- Ich bin geschützt vor ... Unfällen, Krankheit, Mangel, Verlust, Betrug, Angst, Manipulation, Ärger, Zwang, Ignoranz, Dummheit, Lieblosigkeit, Falschheit, Krieg, Elend, Unwissenheit, Ohnmacht usw.

- Ich bin befreit von ... der Sucht nach Zigaretten / Alkohol / vom Zwang zu rauchen, vom Zwang zu essen usw.

- Ich bin befreit von ... Selbstbetrug, Angst, Mangel, Neid, Wut, Zorn, Elend, Eifersucht, Druck, Ablehnung, Krankheit, Hass, Unsicherheit, Kampf, Krieg usw.

- Ich bin begehrt.
- Ich bin geliebt.
- Ich bin interessant.
- Ich bin gesund.
- Ich bin attraktiv usw.

Die Formulierung »Ich bin«, »Ich kann«, »Ich habe« sollte immer nur im positiven Sinn verwendet werden, denn ansonsten erschafft man sich immer wieder Umstände, die man eigentlich nicht will. Je mehr der Mensch etwas nicht will, umso mehr befasst er sich unterbewusst damit und so zieht er genau dieses wieder an.

Programmieren von bevorstehenden wichtigen Anlässen

Geist (Gedanke) ist immer Zukunft. Gefühl ist immer JETZT. Macht man sich Gedanken über seine Zukunft, so wird man sich in der zukünftigen Situation besser zurechtfinden.

Zeit ist eigentlich Illusion. Zeit ist relativ. Jeder Mensch kann seine Zeit bestimmen.

Durch die geistige Vorstellung bestimmt der Mensch die zukünftigen Ereignisse und Abläufe!

Jeder Mensch kann bevorstehende Ereignisse und Vorhaben sowie deren Ab- und Verlauf wie auch das Resultat im Voraus bestimmen. Durch eine vorausgegangene geistige, gefühlsmäßige und praktische Vorstellung bestimmt man die kommende Situation. Dadurch be***herr***scht der Mensch die Zukunft. Hat sich ein Mensch vorher mit einer Situation bereits befasst, so fühlt er sich sicherer und er schafft sich die Möglichkeit der Steuerung. Ein Mensch, der dies tut, handelt vorausschauend und klug und er wird sich nicht aus seiner Mitte verdrängen lassen. Derjenige, der programmiert, macht das Programm.

Die Programmierung erfolgt vorausgehend, indem man sich mit der zukünftigen Situation innerlich voll auseinander setzt. Man stellt sich sozusagen vor, wie das zukünftige Ereignis ablaufen soll.

Eine Programmierung kann mündlich oder schriftlich am Vortag gemacht werden. Bei sehr wichtigen Anlässen, wie z. B. Operationen ist es ratsam, die Programmierung schriftlich *und* mündlich mindestens 24 Stunden voraus oder noch besser 3 Tage voraus, vorzunehmen. Wichtig ist, auch die Anlässe zu programmieren, bei denen mehrere / andere Personen am Erfolg und Gelingen maßgeblich mitbeteiligt sind. Bei einer Operation nützt dem Menschen, der operiert wird, sein positives Denken nur zum Teil. Er weiß nicht, ob der Chirurg und seine Assistenten an diesem Tag auch »gut drauf« sind. Es gibt Menschen, die lassen sich ihren Bio-Rhythmus ausrechnen, um zu bestimmen, wann eine Operation für ihren Körper am günstigsten ist. Doch das Gelingen der Operation ist nicht allein von der eigenen physischen Verfassung abhängig, sondern auch von der Form der ausführenden Menschen. Somit ist der gute Biorhythmus noch keine Garantie für ein gutes Gelingen. Bestimmt der Mensch im Vorfeld das Geschehen der Operation, muss sein Wille berücksichtigt werden, egal, ob er die Mitmenschen über seinen Willen orientiert hat. Dies geschieht energetisch und es ist ein wichtiges, kosmisches Gesetz. Der Wille eines Menschen ***muss*** immer beachtet werden. Das ganze Geschehen wird also in seiner ganzen Art und Weise durch das Programmieren vorausbestimmt. Man kann auch jeden Abend vor dem Einschlafen den nächsten Tag in seiner Qualität bestimmen. Bei Anlässen, bei denen man die Kontrolle aufgeben muss (Narkose), ist es ratsam, die schriftliche Programmierung zu unterschreiben. Damit macht der Mensch seinen Willen zum Gebot.

Bei schwierigen und unangenehmen Situationen hat man das Gefühl, dass die Zeit nicht »rumgeht«. Das Zeitempfinden ist relativ, also kann auch das Erfahren von Zeit bestimmt werden. Man kann das Zeitempfinden einer Stunde auf 10 Minuten abkürzen. Man kann das Zeitempfinden aber auch verdoppeln (Urlaub).

Haben Sie nicht auch schon gedacht, dass die Zeit während des Urlaubs viel zu schnell vergangen ist und dass hingegen die Zeit z. B. bei unliebsamen Arbeiten, in Problemsituationen, bei Krankheit, nicht vergeht?

Wichtig! Bei jeder Programmierung darf nie eine Entscheidung oder ein Verhalten der anderen Partei bestimmt werden (z. B. die andere Partei ist von mir begeistert / wählt mich / entscheidet sich für mich / gibt mir Recht / hört nur auf meine Worte / findet nur mich gut usw.). Es darf keinem Menschen etwas aufgezwungen werden! Kein Mensch darf unter dem eigenen Programm leiden oder keiner darf dadurch eingeschränkt werden. Daher ist eine bewusste und klare Vorstellungskraft wichtig.

Diese folgenden Programmierungsvorschläge können Sie immer individuell zusammenfügen und abändern.

Nachstehend einige Beispiele, wie solche Programmierungen aussehen könnten:

Operation: Die Operation vom (Datum) im (Ort) zur (Grund) Wiederherstellung meines Muskels im rechten Oberarm durchgeführt von Dr. ... und Team verläuft in jeder Hinsicht optimal. Der Muskel wird durch den Eingriff wieder dauerhaft heil, gesund und bleibt für immer voll funktionsfähig. Die Selbstheilungskräfte beginnen unmittelbar zu wirken und der ganze Heilprozess verläuft optimal, sodass ich nach spätestens 10 Tagen meinen rechten Arm wieder ganz spüren und früher, als in solchen Fällen üblich wieder vollumfänglich nutzen kann. Ich bin weitestgehend und während der ganzen Zeit schmerzfrei. Ich kann die Zeit, die mein Arm und mein Körper zur Heilung benötigen, zur Entspannung und zum Kreieren neuer Ideen nutzen. Ich bin geschützt und es geschieht bei der Operation nur das, was meinem Willen entspricht und was zur ganzheitlichen Wiederherstellung meiner Gesundheit richtig und wichtig ist. Ich bin ruhig, gelöst, geschützt und entspannt und der Heilungsprozess beginnt unmittelbar. Ich bin umgeben von »guten Geistern« und meine inneren Begleiter stehen mir bei. Ich erhalte die für mich richtigen Medikamente (Narkose, Schmerzmittel usw.) in der für mich richtigen Dosierung, sodass die ganze Prozedur für meinen Geist, meine Seele und für meinen Körper so leicht wie möglich ist. Diese Mittel unterstützen den ganzen Vorgang und ermöglichen Entspannung und Wohlgefühl. Die verabreichten Mittel und Medikamente wirken nur in den Bereichen, wo ihre Wirkung gefragt ist. Die restlichen Stoffe werden von meinem Körpersystem wieder ausgefiltert und ausgeschieden. Mein Körper nimmt nur den Teil auf, den er als Unterstützung ergänzend braucht. Die Zeit am (Datum) von z. B. 7.00 Uhr morgens bis 18.00 Uhr abends ist so schnell vorbei, als wären es nur 60 Minuten. Ich bin gesund und habe die alleinige Bestimmung über mein Leben. Mein Wille wird in jeder Hinsicht respektiert. Ich bin heil. Ich bin stark und bewusst.

Vorname, Name, Geb.-Datum, Unterschrift

Operation: Die Operation zur Entfernung meiner Gebärmutter, im Krankenhaus ..., am (Datum), durchgeführt von Dr. ... und Team verläuft für mich in jeder Hinsicht optimal. Ich bin ruhig, gelöst, entspannt und geschützt. Es geschieht bei dieser Operation nur das, was meinem persönlichen Willen entspricht und was für eine dauerhafte Heilung und Wiederherstellung meines Gesundheitszustandes richtig und wichtig ist. Ich erhalte die für mich richtigen Medikamente in der für mich optimalen Dosierung, sodass die Folgen dieser Operation für meinen Geist, meine Seele und meinen Körper so gering wie möglich sind. Ich vertrage alle Medikamente sehr gut. Die mir verabreichten Medikamente helfen, dass der gesamte Eingriff für mich körperlich, seelisch und geistig so angenehm, wie nur möglich ist. Ich bin weitestgehend schmerzfrei. Der ätherische und energetische Körper meiner Gebärmutter bleibt erhalten. Es wird nur die krankhafte materielle Substanz entfernt. Mein Energiekörper bleibt heil, sodass kein Mangel entsteht. Die Selbstheilungskräfte beginnen unmittelbar zu wirken, sodass ich innerhalb sehr kurzer Zeit wieder ganz gesund und voll funktions- und leistungsfähig bin. Ich bin geschützt und mein Wille ist immer gewahrt. Das ganze Operations- und Helferteam arbeitet ruhig und sicher. Ich bin in sicherer Obhut. Die Zeit der Regeneration ist gleichzeitig für mich auch eine Zeit, in der ich neue Kräfte sammeln kann.

Die Zeit am (Datum) vom (... bis ...) ist so schnell vorbei, als wären es nur 60 Minuten.

Vorname, Name, Geb.-Datum, Unterschrift

Zahnarzt: Die Behandlung beim Zahnarzt (Name, Ort) vom (Datum) verläuft für mich in jeder Hinsicht optimal. Das eingesetzte Material zur Behebung des Zahnschadens verbindet sich so gut, dass die Korrektur / Reparatur für den Rest meines Lebens hält. Es wird nur das Material verwendet, das mein Körper optimal verträgt, sodass er gesund und leistungsfähig bleibt. Die ganze Behandlung dient der Gesundheit und der Schönheit meiner Zähne, meines Zahnfleisches und meines gesamten Kiefers. Ich erhalte die für mich allfälligen und richtigen Medikamente in der für mich richtigen Dosierung, sodass keine Belastung für meinen Körper entstehen kann und die ganze Prozedur so leicht wie möglich durchgestanden wird. Ich bin ruhig, gelöst, geschützt und entspannt. Ich bin während und nach der ganzen Behandlung weitestgehend und vollständig schmerzfrei. Während der ganzen Behandlung kann ich mich so entspannen, dass ich fast einschlafe. Ich träume von schönen Dingen. Der gesamte Ablauf ist entspannt und eine positive Erfahrung für mich. Die ganze Behandlung ist so schnell vorbei, als wären es nur 20 Minuten. Es geschieht nur das, was für mich in jeder Hinsicht optimal ist.

Vorname, Name, Geb.-Datum

Operation: Ich, ..., geb..., bestimme Folgendes:

Die Operation zur Entfernung des Nierentumors in meiner rechten Niere, durchgeführt von Dr. ... und Team, vom ..., im ... (Krankenhaus) verläuft für mich in jeder Hinsicht optimal. Der operative Eingriff ermöglicht eine schnellere, dauerhafte Wiederherstellung meiner ganzheitlichen Gesundheit. Die Wucherung im Gewebe meines Körpers wird augenblicklich gestoppt und das schädliche Material ganz entfernt, sodass mein Körper wieder dauerhaft geheilt und gesund ist. Ich bin ruhig, gelöst, geschützt und entspannt. Es geschieht bei dieser Operation / Eingriff nur das, was meinem persönlichen Willen und meiner Bestimmung entspricht und was der ganzheitlichen Heilung, Genesung und Gesundheit meiner Seele, meines Geistes und meines Körpers dient. Ich erhalte die für mich richtigen Medikamente (Narkose, Schmerzmittel usw.) in der für mich richtigen, optimalen Dosierung, sodass der Eingriff für meinen Geist, meine Seele und meinen Körper so leicht wie möglich und gut verträglich ist. Ich bin umgeben von guten Geistern und göttlichen Kräften und ich bin jederzeit im göttlichen Schutz. Meine Selbstheilungskräfte beginnen unmittelbar zu wirken, sodass die Zeit der Heilung und Genesung so kurz wie möglich ist. Meine Gesundheit wird gestärkt und ist auf wunderbare Art dauerhaft wiederhergestellt. Das Leben ist mir neu bewusst und ich gehe gestärkt aus dem ganzen Prozess hervor. Die Zeit der Heilung kann ich zum Kreieren neuer Ideen nutzen. Ich bin während der ganzen Zeit weitestgehend schmerzfrei und fühle mich wohl und geborgen. Die Zeit von 7.00 - 18.00 Uhr am ... ist so schnell vorbei, als wären es nur 2 Stunden. Alle Hindernisse und Beschwerden lösen sich ganzheitlich auf und meine Lebenskräfte beginnen neu zu wirken, sodass ich mein weiteres Leben mit Leichtigkeit, Liebe, Freude und großem Spaß gestalten und genießen kann. Danke.

Vorname, Name, Geb.-Datum

Autofahrt: Die Autofahrt vom (Datum) von (Abfahrtsort) nach (Zielort) verläuft in jeder Hinsicht optimal. Ich komme in der kürzestmöglichen Zeit gesund, frisch, erholt am Zielort an. Die ganze Fahrt verläuft reibungslos. Ich bin geschützt, ruhig, gelöst und entspannt. Die ganze Fahrt ist wirklich ein Genuss und bereitet Vergnügen. Während der ganzen Fahrt bin ich befreit von jeglichen Polizeikontrollen, Unfällen, Verletzungen, Pannen, ohnmächtigen Situationen, Radar, Fehlentscheidungen und sonstigen Schäden und Behinderungen. Ich erkenne allfällige Gefahren rechtzeitig und kann im gegebenen Fall optimal darauf reagieren. Ich bin jederzeit achtsam und aufmerksam gegenüber allen Verkehrsteilnehmern, sodass sich auch die anderen Verkehrsteilnehmer wohl fühlen.

Vorname, Name, Geb.-Datum

Vorstellungsgespräch: Das Vorstellungsgespräch zwischen mir und (Name, Firma) vom (Datum) verläuft für mich in jeder Hinsicht optimal. Ich beantworte alle anfallenden Fragen klar, selbstsicher, souverän und richtig. Ich bringe meine Persönlichkeit und mein Können optimal zum Ausdruck. Ich erkenne, was richtig und wichtig ist. Bei diesem Gespräch werden alle Vor- und Nachteile dieser Position / Tätigkeit sichtbar. Nach diesem Termin weiß ich ganz klar, ob diese Stelle für mich richtig und wichtig ist. Ich zeige mich von meiner besten Seite und hinterlasse einen guten, bleibenden Eindruck. Ich bin in jeder Hinsicht und zu jeder Zeit klar und sicher. Die Zeit von (Dauer des Termins) ist so schnell vorbei, als wären es nur 20 Minuten.

Vorname, Name, Geb.-Datum

Prüfung: Die Prüfung für die Zulassung als (Beruf / Zweck) verläuft für mich in jeder Hinsicht optimal. Ich bin vollumfänglich wissend und erkenne das Wesentliche der Fragen und Anforderungen. Ich beantworte alle Fragen richtig in der dafür zur Verfügung stehenden Zeit. Ich kann mein Wissen im gefragten Bereich bewusst und vollständig richtig und klar einsetzen. Ich bin ruhig, gelöst und entspannt. Ich bin während der ganzen Prüfungszeit voll konzentriert. Ich verstehe alle Fragen genau und kann diese so beantworten, dass sie als richtig gelöst erkannt werden. Durch diese Prüfung erlange ich größere Freiheit und bestimme mein weiteres Tun selbst. Die Zeit am (Datum) von (Anfangszeit) bis (voraussichtliches Ende der Zeit) ist so schnell vorbei, als wären es nur ... Minuten.

Vorname, Name, Geb.-Datum

Auftritt / Aufführung: Mein Auftritt im Konzert vom (Datum) in (Ort) als (Funktion) ist in jeder Hinsicht ein voller Erfolg. Ich bin ruhig, gelöst und entspannt. Ich bringe mein ganzes Können als (Funktion) voll ein und komme damit voll zur Geltung. Ich bin fähig, mein ganzes Können zu jeder Zeit und vollumfänglich zu zeigen. Während des ganzen Konzertes herrscht eine gute, bereichernde Atmosphäre. Alle fühlen sich wohl. Es herrscht eine gute Stimmung. Alles stimmt. Das Konzert ist für alle eine Bereicherung und ein Genuss. Dieses Konzert ist erfolgreich und wird mir neue Auftritte ermöglichen. Das Konzert / der ganze Anlass ist ein voller Erfolg. Ich bin sicher, klar und stark. Ich bin gesund und voller Energie. Ich kann begeistern und faszinieren. Meine Persönlichkeit und mein ganzes Können bleiben dauerhaft in Erinnerung des Publikums.

Vorname, Name, Geb.-Datum

Nächster Tag: Ich habe morgen einen guten, wunderbaren Tag. Ich erkenne das Wesentliche. Ich kann alles erledigen, was wichtig und richtig ist. Ich bin zu jeder Zeit gesund, stark und bewusst. Ich bin klar und ich bin mit allem, was ich tue, erfolgreich. Ich bin voller Energie. Ich bin mächtig und fähig, mein Leben optimal zu gestalten. Ich bin reich und erkenne meine Chancen und Möglichkeiten, die der morgige Tag bietet. Der ganze Tag morgen bringt mir in jeder Hinsicht wundervolles Erleben. Ich treffe auf interessante Menschen. Ich bin interessant. Es ist rundum ein erfreulicher Tag.

Vorname, Name, Geb.-Datum

Verabredung / erstes Treffen: Das Treffen mit (Name) vom (Datum / evtl. Ort) verläuft in jeder Hinsicht optimal. Ich bin charmant, gelöst und interessant. Meine großartige Persönlichkeit wird sichtbar. Ich zeige mich von meiner besten Seite. Ich bin attraktiv und wecke neue Interessen. Ich finde immer die richtigen Worte, höre gut zu und verstehe mich mit meinem Gesprächspartner. Das Zusammentreffen ist für beide Parteien ein Genuss. Nach diesem Treffen kann ich genau einschätzen, ob diese neue Beziehung für mich richtig und wichtig ist. Ich bin sicher und verhalte mich in jeder Hinsicht souverän. Ich bin schön und kann meine Persönlichkeit und meine Art optimal zur Geltung bringen. Ich bin originell und zeige meine Einzigartigkeit.

Vorname, Name, Geb.-Datum

Gespräch / Abklärung: Das Gespräch mit (Name) vom (Datum) über (Thema) verläuft in jeder Hinsicht optimal. Ich kann meine Idee klar und deutlich mit den richtigen Worten darstellen und präsentieren. Ich bin begeisterungsfähig. Ich beantworte alle gestellten Fragen richtig, sachlich und souverän. Ich kann gut zuhören und bin jederzeit fähig, alles richtig zu verstehen. Nach diesem Gespräch weiß ich genau, wie ich für das weitere Vorgehen handeln muss. Ich erkenne, was richtig und wichtig ist. Ich bin mächtig. Ich erkenne, wer, was und wann wichtig ist, sodass das Vorhaben für beide Parteien Gewinn und Fortschritt bringt. Ich bin klar und selbstbewusst. Ich bin während der ganzen Zeit fähig, mein ganzes Wissen und Können optimal zu präsentieren. Ich bleibe in guter Erinnerung.

Vorname, Name, Geb.-Datum

Geburt: Der Geburtsvorgang (Gebären / Geburt) verläuft für mich als Mutter und für mein Kind in jeder Hinsicht optimal. Ich bin gelöst, geschützt und entspannt und ich gebe dieses Gefühl an mein Kind weiter. Wir sind beide (ich als Mutter und mein Kind) jederzeit vor Schaden geschützt und fühlen uns wohl. Das Team (Arzt, Hebamme, Krankenschwester, Helfer usw.) erleichtert uns, mir und meinem Kind, den ganzen Geburtsvorgang / -ablauf wesentlich. Der ganze Vorgang ist geprägt von Liebe, Freude und Leichtigkeit. Mein Geburtskanal und mein Damm dehnen sich optimal und bleiben heil. Der gesamte Geburtsvorgang ist für uns beide (Mutter und Kind) leicht und weitestgehend schmerzfrei. Ich erhalte nur die Mittel in der für mich und mein Kind richtigen Dosierung, die allenfalls nötig sind, um die ganze Prozedur so leicht wie möglich durchzustehen. Die Zeit des gesamten Geburtsvorganges ist so schnell vorbei, als wären es nur 60 Minuten. Ich bin gesund und heil und ich vermittle diese Kraft auch an mein Kind. Ich bin fähig, alles zu tun, dass die Geburt für mein Kind auch so leicht wie irgendwie möglich ist. Ich umarme mein Kind mit Freude und ganz viel Liebe auf meiner Ebene und nehme es herzlich in Empfang, um ihm so den Lebensbeginn leicht zu machen. Ich, resp. wir erholen uns in kürzester Zeit. All das überflüssige Körpergewicht bin ich in kurzer Zeit wieder los, sodass ich wieder gesund, schlank, schön, attraktiv, erotisch und voll leistungsfähig bin.

Vorname, Name, Geb.-Datum

Geburt (für den Vater): Ich bin ruhig, gelöst und entspannt. Ich helfe meiner Partnerin wesentlich und unterstütze sie und mein Kind während des gesamten Geburtsvorganges durch mein Dabei-Sein. Ich strahle Ruhe aus und gebe beiden mit meinem Da-Sein Liebe, Kraft und Stärke. Ich empfange mein Kind in Liebe und ich begleite meine Partnerin in diesem wichtigen Moment mit meiner ganzen Liebe und Kraft. Wir sind eins und diese Einigkeit gibt allen die Kraft, damit der ganze Vorgang allen Beteiligten große Freude und Leichtigkeit beschert. Die ganze Geburt ist geprägt von Liebe und die Göttlichkeit des Lebens ist auf wunderbare Weise spürbar. Ich bin mir meiner Rolle als Vater voll bewusst und werde ihr größtmöglich gerecht.
Vorname, Name, Geb.-Datum

Reise: Die Reise vom (Datum) von (Heim) nach (Zielort) verläuft in jeder Hinsicht reibungslos. Der gesamte Ablauf ist termingerecht. Ich bin geschützt, entspannt und die ganze Reise ist ein wahrer und voller Genuss. Ich erhalte einen optimalen Platz im Flugzeug. Die Zeit des Fluges (... Std.) ist so schnell vorbei, als wären es nur 90 Minuten (Flugzeit von 9 Std.). Ich erhole mich während des Fluges und steige regeneriert, gesund, fit und erholt aus dem Flugzeug aus. Die gesamte Urlaubszeit bringt Freude, Genuss, Entspannung, Unterhaltung und Erholung. Die 14 Tage sind so erholsam, als wären es 28 Tage. Ich kann alle Energien wieder aktivieren und neue Kräfte sammeln.

Ich bin gesund, schön und heil an Körper, Seele und Geist. Ich lerne interessante, anregend nette Menschen kennen und mache viele positive Erfahrungen. Das Zimmer im Hotel ist schön und für mich in jeder Hinsicht optimal. Die ganze Reise bringt mir Freude, Erholung, Entspannung sowie wundervolles Erleben. Die Reise ist in jeder Hinsicht ein wahrer Genuss.

Vorname, Name, Geb.-Datum

Schlaf / Nacht (im Bett, vor dem Einschlafen)

Ich schlafe jetzt tief und fest. Mein ganzer Körper regeneriert sich. Die Organe erholen sich. Mein Körper regeneriert sich, während ich schlafe. Ich bin gelöst, geschützt, entspannt und fühle mich in jeder Hinsicht wohl. Ich erwache morgens um (Uhrzeit) erholt und entspannt, als hätte ich 10 Stunden geschlafen. Ich bin morgen gesund und voll leistungsfähig und in jeder Hinsicht gestärkt. Ich bin gesund und ich bin heil.

Vorname, Name, Geb.-Datum

Allgemeine Programmierungsmöglichkeiten:

- Wundervolles Erleben
- die richtigen Worte zur richtigen Zeit
- charmantes Auftreten
- die richtigen Kontakte
- Erkennen des Wesentlichen

- Durchsetzungs-/ Überzeugungskraft
- umfänglicher Lebensgenuss
- positive Vielseitigkeit
- neue Chancen und Möglichkeiten
- Motivationsfähigkeit
- Entdecken der Vielfalt
- Ich verfüge über die notwendigen Mittel (finanzieller und ideeller Art)
- Erkennen von Konflikten und Fehlern
- Humor
- Leichtigkeit
- Attraktivität
- Charisma
- Wirkungskraft
- Macht
- Stärke
- Erotik
- Selbstkontrolle
- Ruhm
- Ehre
- Anerkennung usw.

Positive Aufmerksamkeit

Nehmen Sie das Gute wahr! Damit ein Mensch seine gegenwärtige, schwierige Realität auf Dauer in eine positive Realität umstellen kann, kann er Folgendes tun:

Legen Sie sich ein »**Buch der schönen und glücklichen Momente**« an!

In dieses Buch schreiben Sie jeden Abend vor dem Einschlafen ein positives Ereignis (oder auch mehrere) des vergangenen Tages auf. Selbst wenn der Tag noch so trüb und trostlos war, werden Sie sehen, dass da trotzdem auch etwas war, was gut war. Und wenn es nur das war, dass Sie 15 Minuten die Beine hochlegen konnten oder sei es nur, dass Sie sich eine Süßigkeit erlaubt haben. Egal, wie klein und unwichtig es auch war, lernen Sie, auch dies zu schätzen.

Das Ende des Tages wird wieder die Qualität des nächsten Tagesbeginns bestimmen. Viele Menschen nehmen ihre Sorgen mit in den Schlaf. Der Schlaf ist dementsprechend. So wird auch das Aufstehen wieder zur Qual. Jeder Mensch sollte sich an das Gute erinnern und das Schlechte wahrnehmen. Die Wahrnehmung des Schlechten sollte dazu führen, dass diese schlechte Situation verändert werden sollte, indem sich der Mensch an die guten Seiten und Situationen erinnert.

Alles beginnt klein und endet groß.

Dieses Tagebuch der schönen und glücklichen Momente sollten Sie mindestens 440 Tage lang führen. Sie werden sehen, in und nach dieser Zeit wird es vor allem positive Dinge in Ihrem Leben geben.

Seien Sie aufmerksam und richten Sie Ihr Augenmerk auf alles, was gut ist. Betonen Sie das, was gut ist, d. h. sprechen Sie darüber. Akzeptieren Sie das, was nicht so gut ist und suchen Sie nach einer Lösung, wie man dieses »noch nicht Gute« verwandeln kann.

Jedes große Glück beginnt zuerst einmal klein.

All-Tags-Reden

Was sagen Sie jeden Tag? Haben Sie schon einmal ganz bewusst darauf geachtet, was Sie sagen? Stimmen Ihre Worte mit dem, was Sie denken, überein? Wie sagen Sie etwas? Wie formulieren Sie das, was Sie wollen? Kommen Ihre Worte, also Ihre Aussagen an? Meinen Sie bloß, etwas richtig gesagt zu haben? Was ist das Resultat Ihrer Aussagen?

Nachfolgend finden Sie Formulierungen, die häufig benützt werden und die nichts bringen. Dadurch, dass Sie sich bewusst werden, was Sie wollen, werden Sie auch Ihre Worte bewusster wählen. Achten Sie darauf, was Sie mit Ihren Aussagen erreichen. Hier einige Beispiele:

»Ich gebe mir alle Mühe...«

»Ich gebe / mache mein Bestes...«

»Es fällt mir schwer...«

»Es fällt mir nicht immer ganz leicht...«

»Ich versuche, es richtig zu machen...«

»Ich mache es mit meinem ganzen Können...«

»Ich versuche, es zu schaffen...«

»Ich mache alles so, dass ich es schaffen kann...«

»Ich hoffe, ich mache alles richtig...«

»Ich konzentriere mich und ich bin bei der Sache...«

»Wenn es mir nicht gelingt...«

»Ich tue ganz einfach und sehe weiter...«

»Ich verlasse mich auf...«

»Ich entscheide selbst / Ich handle selbstverantwortlich...«

»Ich beschwere mich...«

»Ich stehe für meine Anliegen ein...«

»Diese Sache ist zu teuer...«

»Diese Sache ist gegenwärtig für meine Vermögenslage ungünstig...«

»Diese Sache ist billig...«

»Diese Sache ist für mich sehr günstig...«

Es steht Ihnen selbstverständlich frei, die aufgeführten, gedanklichen Vorstellungen zu verändern und zu erweitern. Diese Visionen sollen Ihre Visionen anregen! Schöpfen Sie selbst aus Ihrem innersten Sein die großartigsten Ideen hervor! Sie werden sehen, Ihr Leben wird Sie reich machen!

Ich wünsche Ihnen viel Spaß
»beim neuen Leben leben«!

Lebensziel – Lebensweg

Befreiung von alltäglichen Zwängen

Heilung durch Wissen

Über Franziska Krattinger

Franziska Krattinger hat schon seit frühester Jugend die Fähigkeit, Auren von Menschen und Tieren zu sehen. Daraus entwickelte sie u. a. Einsichten über das Zusammenwirken aller Dinge. Seit 20 Jahren setzt sie ihre Fähigkeiten erfolgreich für die Beratung von Menschen in vielen Berufen ein und gibt außerdem Seminare in Lebens- und Bewusstseinsentwicklung.

... Weiteres aus dem Silberschnur-Verlag von...

Franziska Krattinger

Woran Pechvögel hängen und worauf Glückskinder aufbauen

Alles beginnt klein und endet groß!

176 Seiten, Softcover, ISBN 3-89845-48-1
€[D] 9,90 I sFr 17,40

Franziska Krattinger macht mit vielen Tipps auf das Glück aufmerksam! Viele Stolpersteine, genannt Gewohnheiten, verhindern das dauernde Glück. Glück ist eine bewusste Sache. Glückssache ist, wenn Menschen ihr Glück erkennen.
Dieses kleine Buch soll zum Glück vieler Menschen beitragen und mehr Glück in dieser Welt möglich machen.

Gedanken für ein glückliches Leben

Anfang